초보자를 위한
여성복 제작 2

초보자를 위한 여성복 제작 2
재킷 · 원피스

초판 발행 2024년 4월 18일

지은이 | 이정현 · 심연옥 · 김혜숙
펴낸이 | 김기호

펴낸곳 | 한가람서원
등록 | 제2-1863호
주소 | 서울특별시 중구 마른내로 72, 504호
전화 | 02-336-5695
팩스 | 02-336-5629
이메일 | bookmake@naver.com

ISBN   978-89-90356-60-4   13580

• 잘못된 책은 바꾸어 드립니다.
• 지은이와 협의하여 인지를 생략합니다.
• 이 책은 저작권자의 지적재산으로서 무단전재와 복제를 금합니다.

초보자도 쉽게 만드는

초보자를 위한
여성복 제작 2

재킷
Jacket
원피스
One piece

이정현·심연옥·김혜숙 공저

한가람서원

머리말

『초보자를 위한 여성복 제작 2』에서는 『초보자를 위한 여성복 제작 1』에서 다룬 스커트, 팬츠에 이어 재킷과 원피스도 어렵지 않게 학습할 수 있도록 제작하려고 노력하였습니다.

상의 기본원형 패턴제도에 대한 자세한 설명과 다트 베리에이션(variation)을 통해 다양한 디자인을 할 수 있도록 하였습니다.
순서와 방법을 자세히 보여주는 실물 제작 과정 사진을 많이 삽입하여 최대한 이해를 돕고자 하였습니다.

『초보자를 위한 여성복 제작 2』에서는 상의 원형과 소매 원형으로 다양한 실루엣을 만들 수 있는 방법을 다루었으니, 기본 원형을 활용하여 디자인 제작 실력 향상에 도움이 되시기를 바랍니다.

저자 일동

CONTENTS

머리말 … 05

1장 길 원형(Bodice basic pattern)

1. 길 원형 … 13
   1) 길 원형의 부위별 명칭 … 13
   2) 길원형의 인체치수 … 14
   3) 길원형 제도 … 15

2. 길 원형의 다트 … 21
   1) 다트의 명칭 … 21
   2) 다트의 이동 … 22

2장 소매 원형(Sleeve basic pattern)

1. 소매 원형 … 33
   1) 소매의 부위별 명칭 … 33
   2) 소매원형 제도 … 34
   3) 소매산 높이에 따른 소매폭의 변화 … 36

2. 소매 원형의 활용 … 38
   1) 퍼프 슬리브(puff sleeve) … 38
   2) 비숍 슬리브(bishop sleeve) … 39
   3) 벨 슬리브(bell sleeve) … 40
   4) 케이프 슬리브(cape sleeve) … 41
   5) 랜턴 슬리브(lantern sleeve) … 41
   6) 캡 슬리브(cap sleeve) … 42

초보자를 위한
여성복 제작 1

3장 테일러드 재킷(Tailored jacket)

1. 테일러드 재킷 패턴 제도 … 45
   1) 테일러드 재킷 도식화 … 45
   2) 테일러드 재킷 치수 … 45
   3) 재킷 부위별 명칭 … 46
   4) 패턴 제도 … 47
      ◎ 테일러드 재킷 패턴 … 62

2. 테일러드 재킷 재단 … 64
   1) 겉감 재단(폭 150cm) … 64
   2) 안감 재단(폭 110cm) … 65
   3) 심지 재단(폭 110cm) … 66

3. 테일러드 재킷 봉제 … 68
   ◎ 재킷 완성 작품 … 104

4장 원피스

1. 랩 원피스 패턴 제도 … 107
   1) 랩 원피스 도식화 … 107
   2) 랩 원피스 치수 … 107
   3) 랩 원피스 부위별 명칭 … 108
   4) 랩 원피스 패턴 제도 … 109

2. 랩 원피스 재단 … 120

3. 랩 원피스 봉제 … 121
   ◎ 원피스 완성 작품 사진 … 132

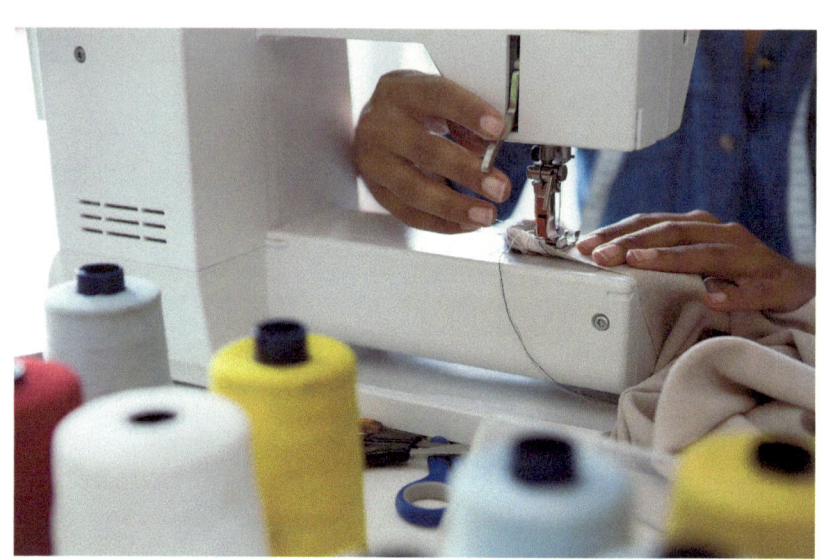

PART
1

✂

초보자를 위한 여성복 제작

길 원형
(Bodice basic pattern)

1. 길 원형
2. 길 원형의 다트

◎ 패턴 제도 기호

No.	명칭	기호	내용
1	기초선	———————	패턴의 기초선. 가는 실선
2	완성선	———————	패턴의 완성선. 굵은 실선
3	골선	⌒⌒ / - - - - - -	패턴이 반으로 접힌 부분이면서 펴지는 부분. 반원 두 개 또는 굵은 파선으로 표시
4	안단선	—·—·—·—·—	안단이 들어가는 위치 일점쇄선
5	스티치선	- - - - - - - - -	스티치가 들어가는 위치 가는 파선
6	올방향선	↕ 또는 ↑	옷감의 식서, 즉 세로 방향을 표시
7	바이어스 방향선	✕	옷감의 바이어스 방향
8	털방향선	↓↑	털의 결 방향 표시
9	노치		봉제할 때 서로 맞추어 박는 위치 표시, 또는 지퍼의 끝에 표시
10	늘임		봉제할 때 서로 맞추어 박는 위치 표시, 또는 지퍼의 끝에 표시
11	줄임		오그려 줄이는 위치 표시. 노치와 함께 표현
12	이즈 (ease)	～～～	옷의 오그림 분량을 의미한다. ※ 신체 치수보다 더하는 옷의 여유

No.	명칭	기호	내용
13	단추구멍		단춧구멍이 들어가는 위치
14	단추위치		단추 붙이는 위치 표시
15	직각		직각 표시
16	선의 교차		선을 겹쳐서 그리는 부분
17	버스트포인트		가는 실선으로 표시 버스트포인트 위치
18	다트		가는 실선으로 표시 다트선과 다트 중심선, 다트 외곽선 표현
19	턱(tuck)		가는 실선으로 표시 터크 표시 외주름 모양과 같으나 아래 부위가 패턴이해-3패턴의 밑단선까지 가지 않음
20	외주름		가는 실선으로 표시 두 개의 사선 사선의 높은 쪽이 낮은 쪽 위로 오게 하여 재단
21	맞주름		가는 실선으로 표시 대칭되는 두 개의 사선으로 표현

1. 길 원형

원형이란 동적 기능을 방해하지 않을 정도의 기본적인 여유분이 포함되어 있는 신체에 밀착되는 평면 패턴이다.

1) 길 원형의 부위별 명칭

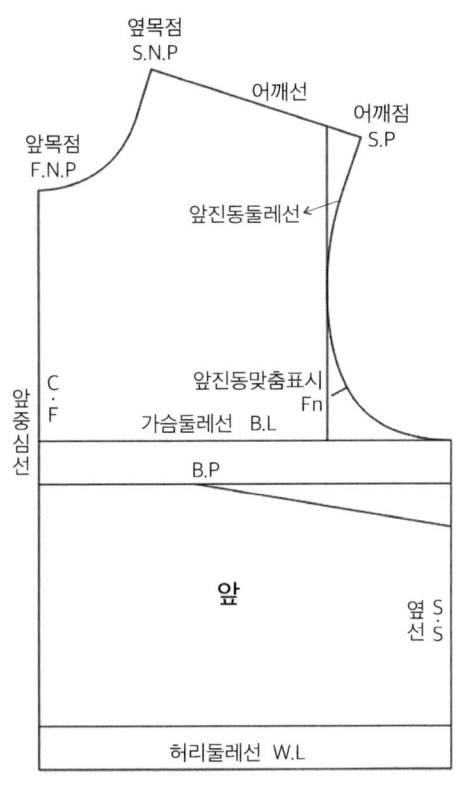
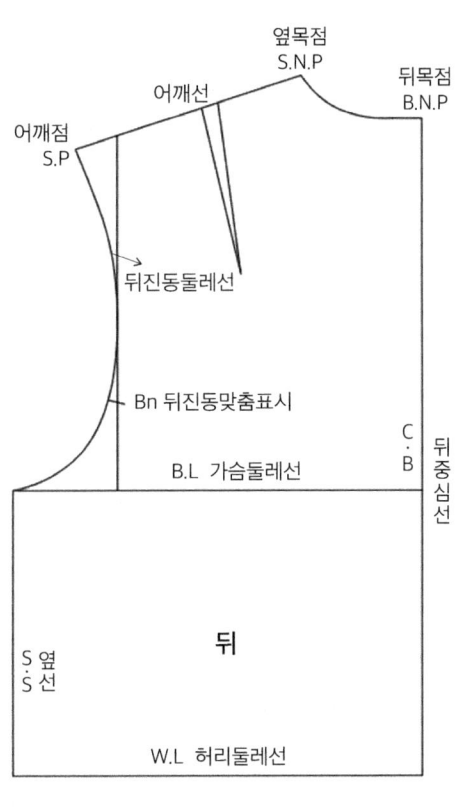

명칭	약자	명칭	약자
앞중심선(center front)	C.F	옆목점(side neck point)	S.N.P
뒤중심선(center back)	C.B	뒤목점(back neck point)	B.N.P
옆선(side seam)	S.S	어깨점(shoulder point)	S.P
가슴둘레선(bust line)	B.L	젖꼭지점(bust point)	B.P
허리둘레선(waist line)	W.L	앞진동 맞춤표시(front notch)	Fn
어깨선(shoulder line)	S.L	뒤진동 맞춤표시(back notch)	Bn
진동둘레(armhole)	A.H	언더암다트(under arm dart)	
앞목점(front neck point)	F.N.P	어깨다트(shoulder dart)	

2) 길원형의 인체치수

항목	인체치수	계측방법
뒤품	35	좌·우의 겨드랑 사이의 길이
등길이	38	뒤목점에서 허리둘레선까지의 길이
어깨너비	38	뒤목점을 통과하는 좌·우 어깨끝점 사이의 길이
가슴둘레	84	유두점을 지나는 수평둘레
유장	24	옆목점에서 유두점까지의 길이
앞길이	40.5	옆목점에서 유두점을 통과하여 허리둘레선까지의 길이
유폭	18	좌·우의 유두점 사이의 길이
앞품	33	가슴 좌·우의 겨드랑 사이의 길이

3) 길원형 제도

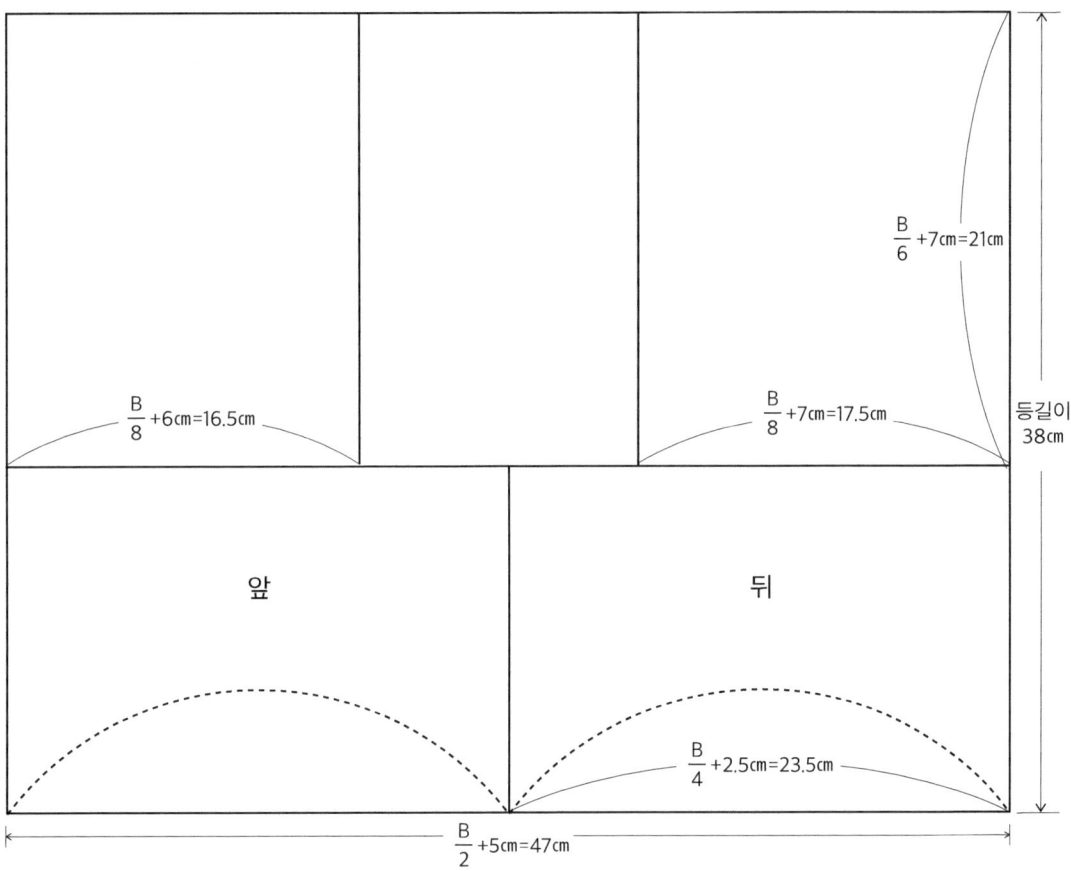

(1) 기초선 그리기

① 세로길이는 등길이 38cm, 가로길이는 B/2+5cm(여유)=47cm인 사각형을 그린다.

② 진동깊이는 B/6+7cm=21cm로 계산한다.

③ 옆선은 가로길이의 2등분선, 계산식으로는 B/4+2.5cm=23.5cm 이다.

④ 뒤품선은 B/8+7cm(17.5cm), 앞품선은 B/8+6cm(16.5cm) 이다.

(2) 뒤판

① 뒷목너비: B/12=7cm

② 뒷목높이: 2.5cm

③ 어깨경사: 옆목점에서 18cm 수평으로 그린 후, 수직으로 6cm내린 점과 옆목점과 연결한다.

④ 어깨끝점: 뒷목점에서 어깨경사라인까지 어깨너비/2(19cm)인 위치를 찾는다.

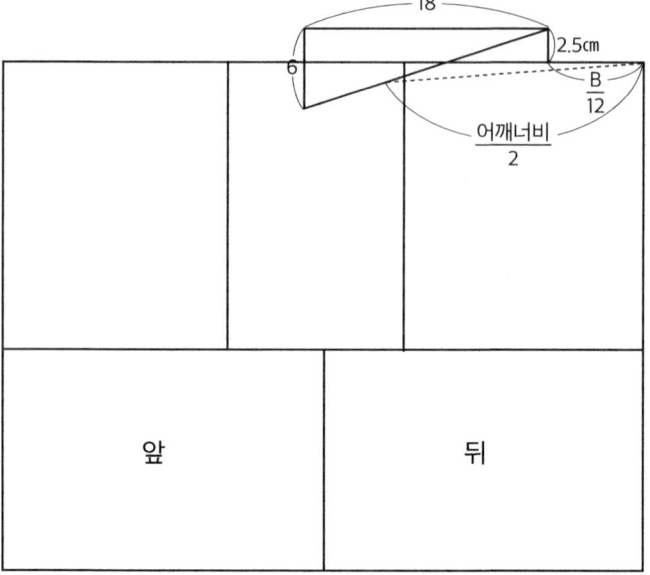

⑤ 어깨끝점에서 수직으로 내린 선을 임의로 그린다.

⑥ 가슴둘레선과 뒤품선이 만나는 위치 A에서 45° 방향으로 B(● =3cm) 위치를 찾아 그린다.

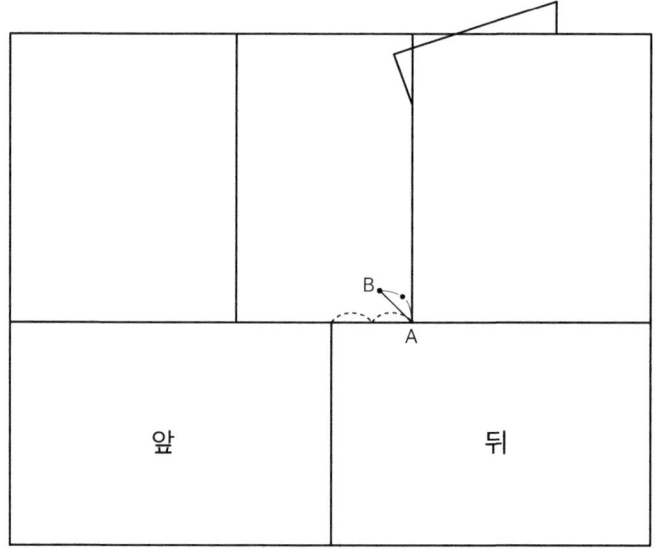

⑦ 뒷목둘레: 뒤중심에 직각이면서 옆목점까지 자연스러운 곡선이 될 수 있게 암홀자를 이용해 목둘레선을 그린다.

⑧ 뒤진동둘레선: 어깨끝점의 직각을 유지하면서 B를 지나 C(겨드랑이점)까지 암홀자를 이용해 자연스러운 곡선을 그린다.

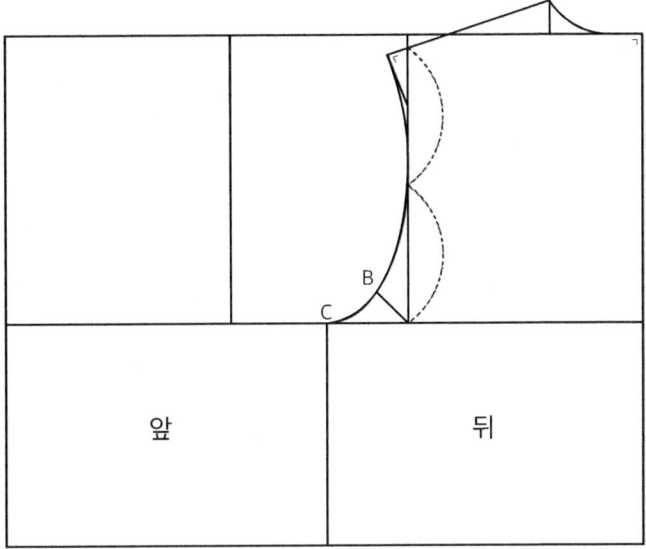

⑨ 어깨다트: 옆목점에서 어깨선따라 5cm내려 뒤품선의 이등분점과 연결하고 다트(폭 1cm, 길이 10cm)를 그린다. 다트폭(1cm)만큼 어깨선을 연장하고 진동둘레선을 다시 그린다.

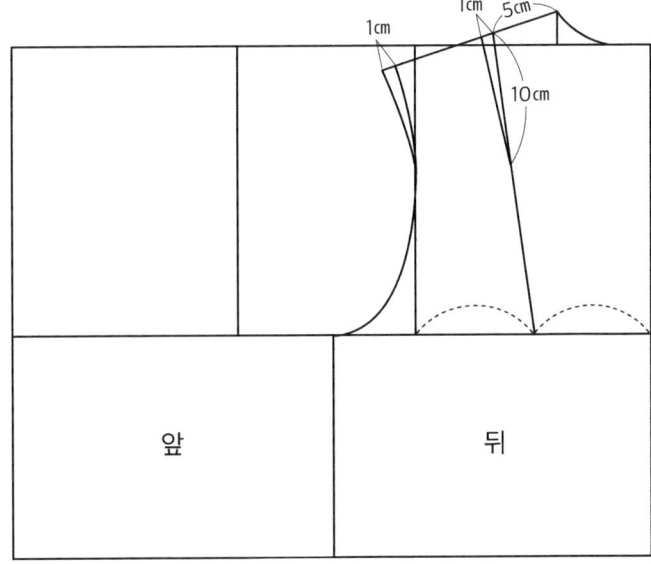

(3) 앞판

① 앞목길이: B/12=7cm

② 앞목너비: B/12-0.5cm=6.5cm

③ 앞목 안내선: 옆목점에서 앞목너비의 1/3점과 연결.

④ 앞어깨경사: 옆목점에서 수평으로 18cm, 수직으로 6cm내린 점과 연결한다.

⑤ 앞어깨끝점: 뒤판의 어깨길이를 재서 같은 길이를 표시하고 수직선을 그린다.

⑥ 가슴둘레선과 앞품선이 만나는 위치 D에서 45° 방향으로 E(●-0.3=2.7cm) 위치를 찾아 그린다.

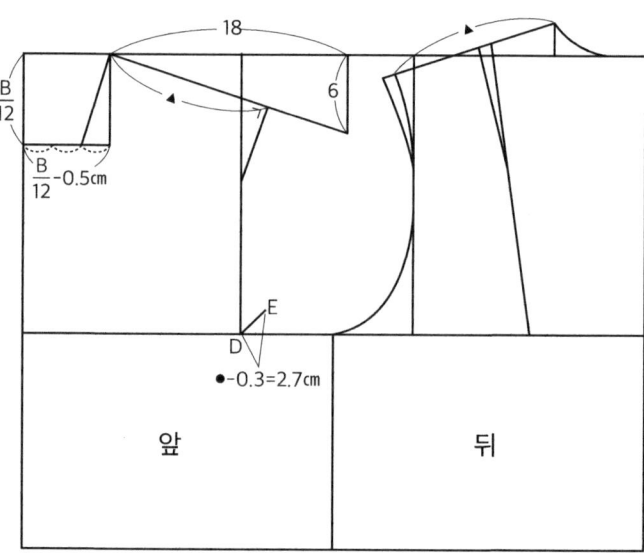

⑦ 앞목둘레: 앞중심에 직각이면서 안내선을 지나 옆목점까지 자연스러운 곡선이 될 수 있게 암홀자를 이용해 목둘레선을 그린다.

⑧ 앞진동둘레선: 어깨끝점의 직각을 유지하면서 E를 지나 C(겨드랑이점)까지 암홀자를 이용해 자연스러운 곡선을 그린다.

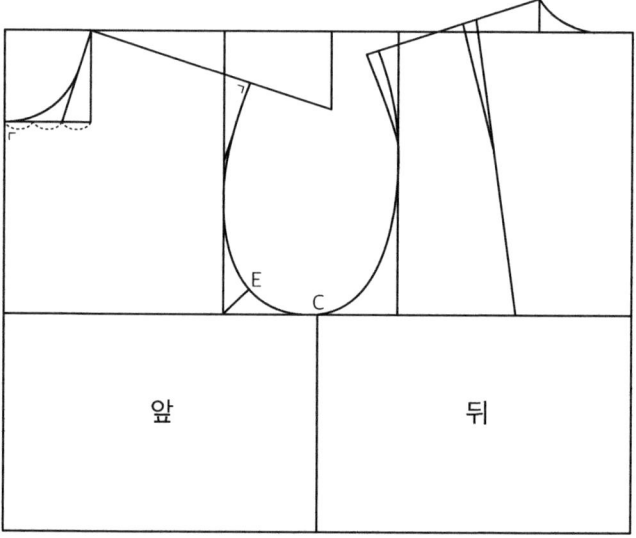

⑨ 가슴다트: 유장(24cm) 길이만큼 내려 앞중심에서 옆선까지 그리고, 앞중심에서 옆선쪽으로 유폭/2(9cm) 길이만큼 이동하여 B.P(bust point)를 표시한다.

⑩ 앞길이(40.5)-등길이(38)=2.5cm만큼 가슴다트를 옆선에 표시하여 B.P와 연결한다.

⑪ 가슴다트 2.5cm만큼 앞허리선을 내려 그린다.

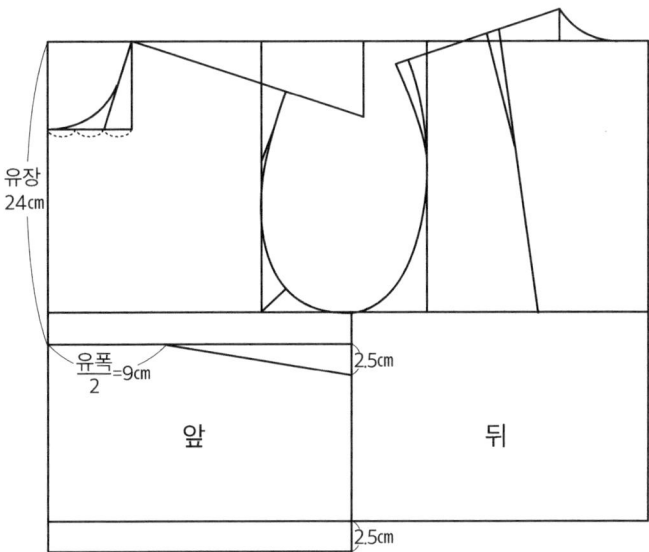

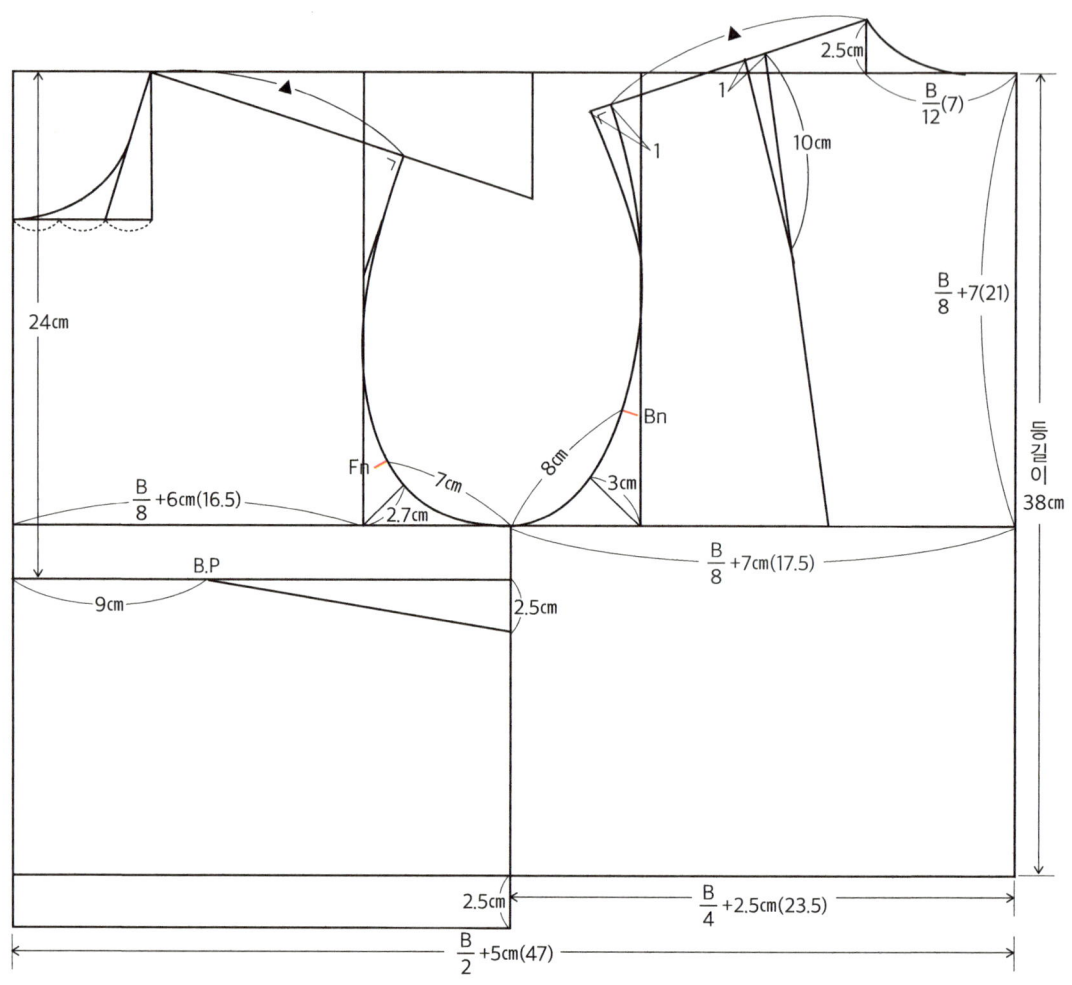

〈상의 기본원형의 완성선〉

2. 길 원형의 다트

다트는 2차원적인 직물로 3차원적인 인체 형태에 맞게 입체화하는 주된 방법이며 디자인의 다양한 변형을 가능하게 해주는 디테일이다.

1) 다트의 명칭

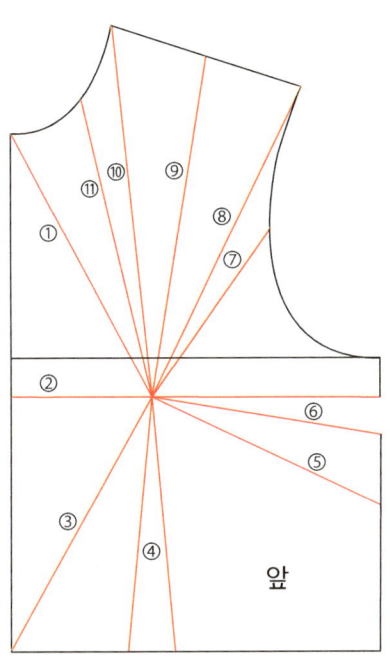
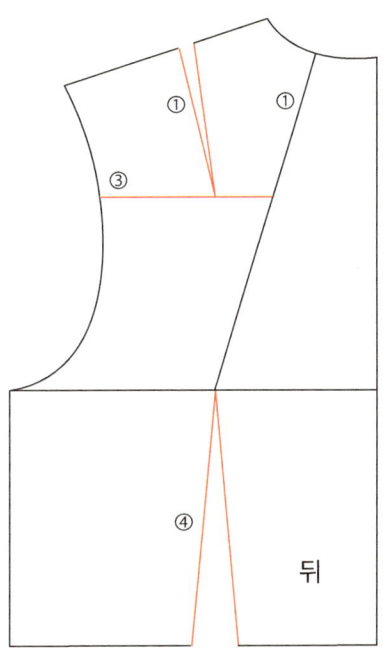

〈앞판〉
① 센터 프론트 넥 다트(center front neck dart)
② 센터 프론트 라인 다트(center front line dart)
③ 센터 프론트 웨이스트 다트(center front waist dart)
④ 웨이스트 다트(waist dart)
⑤ 로 언더 암 다트(low under arm dart)
⑥ 언더 암 다트(under arm dart)
⑦ 암홀 다트(armhole dart)
⑧ 숄더 포인트 다트(shoulder point dart)
⑨ 숄더 다트(shoulder dart)
⑩ 네크 포인트 다트(neckline point dart)
⑪ 네크라인 다트(neckline dart)

〈뒤판〉
① 네크라인 다트(neckline dart)
② 숄더 다트(shoulder dart)
③ 암홀 다트(armhole dart)
④ 웨이스트 다트(waist dart)

2) 다트의 이동

다트이동은 다트를 B.P점을 기준으로 절개 또는 회전시켜 다른 곳으로 이동시키는 것으로 전체적인 실루엣의 볼륨감은 변화하지 않고 디자인의 변화를 줄 수 있다.

＊M.P: 머니퓨레이션(manipulation)의 약자로 '조작', '교묘히 다룸'이라는 뜻으로 다트를 활용하는 기본방식이다.

① 센터 프론트 넥 다트(center front neck dart)

앞목점에서 B.P까지 절개 한 후, 기본 다트(언더 암 다트)를 접어주고 B.P에서 3cm 올려 다트 양쪽끝과 연결한다.

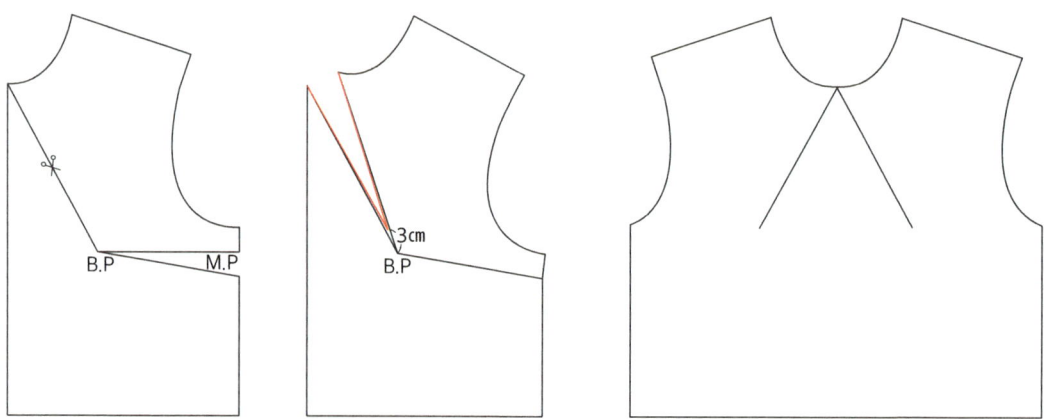

② 센터 프론트 라인 다트(center front line dart)

앞중심에서 B.P까지 절개 한 후, 기본 다트(언더 암 다트)를 접어주고 B.P에서 2cm 내려 왼쪽으로 이동한 점과 다트 양쪽끝을 연결한다.

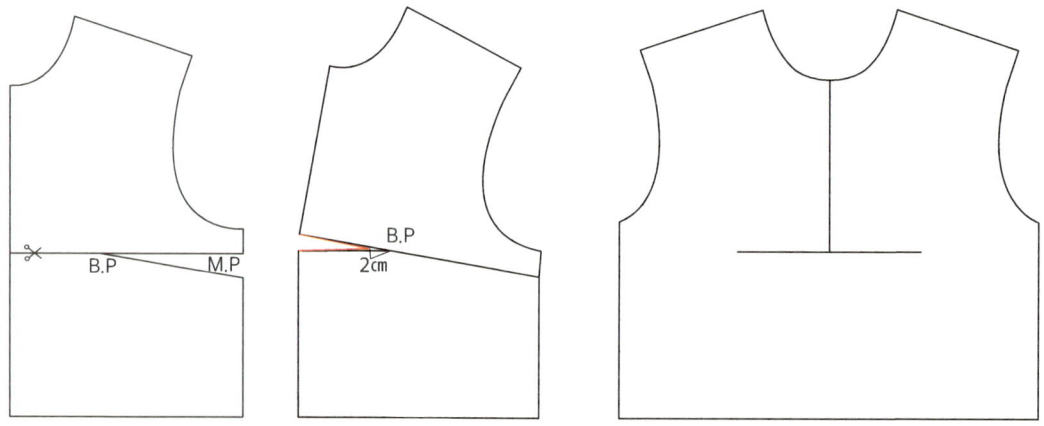

③ 센터 프론트 웨이스트 다트(center front waist dart)

앞중심 허리에서 B.P까지 절개 한 후, 기본 다트(언더 암 다트)를 접어주고 B.P에서 3cm 내려 다트 양쪽 끝과 연결한다.

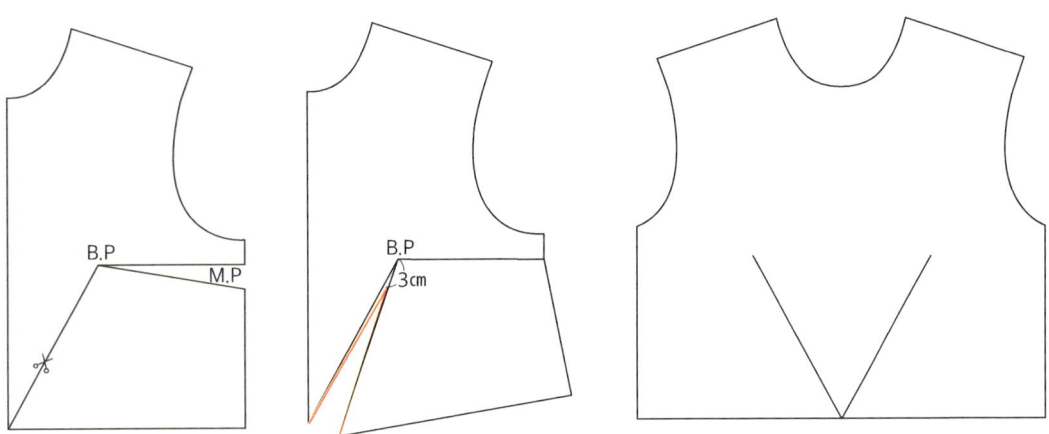

④ 웨이스트 다트(waist dart)

허리선에서 B.P까지 절개 한 후, 기본 다트(언더 암 다트)를 접어주고 B.P에서 3cm 내려 다트 양쪽 끝과 연결한다.

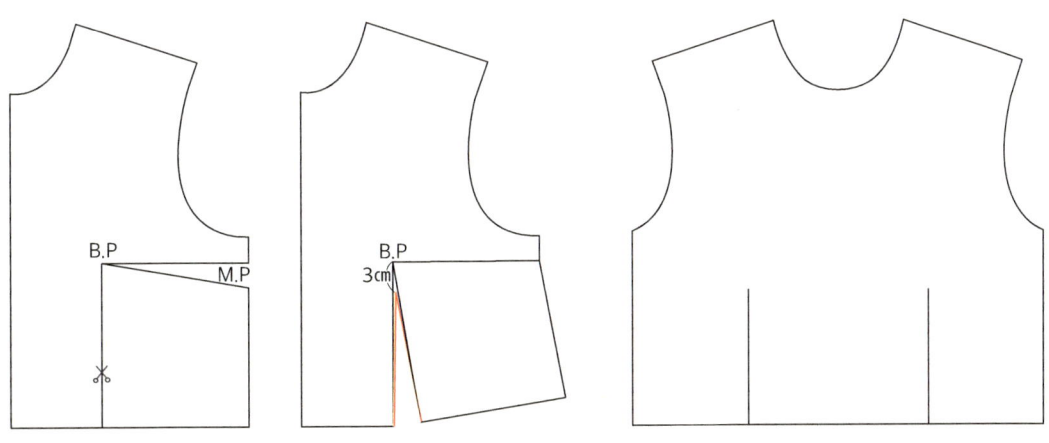

⑤ 로 언더 암 다트(low under arm dart)

언더 암 다트 아래쪽 옆선에서 B.P까지 절개 한 후, 기본 다트(언더 암 다트)를 접어주고 B.P에서 3cm 내려 다트 양쪽 끝과 연결한다.

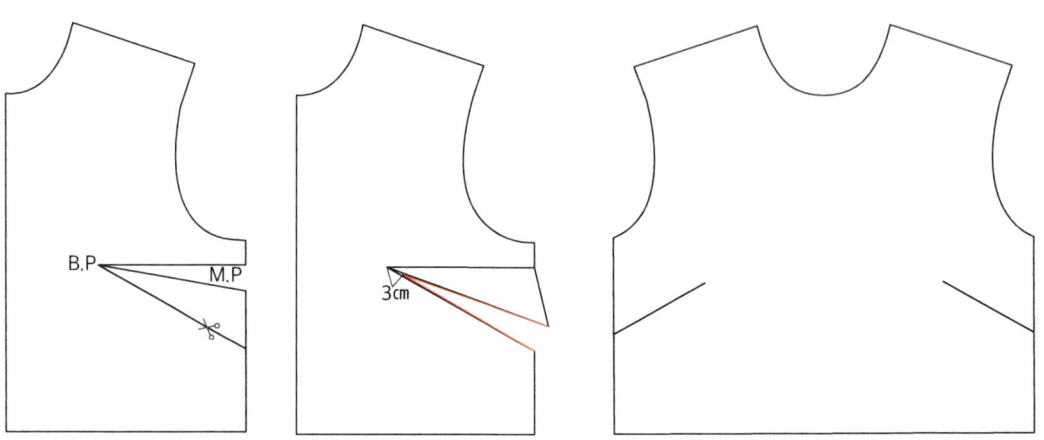

⑥ 언더 암 다트(under arm dart)

기본 다트인 언더 암 다트를 B.P에서 3cm 옆선쪽으로 이동하여 다트 양쪽 끝과 연결한다.

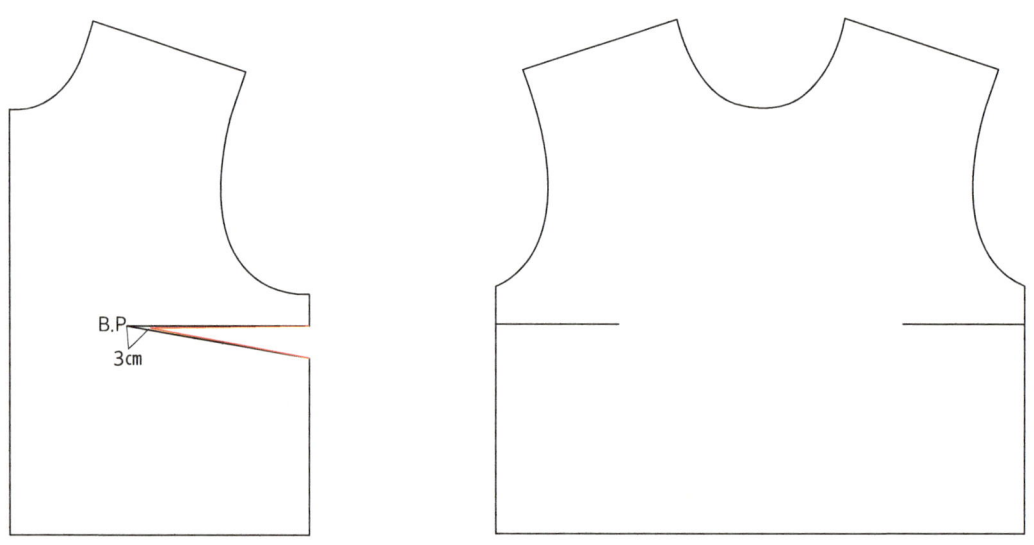

⑦ 암홀 다트(armhole dart)

암홀에서 B.P까지 절개 한 후, 기본 다트(언더 암 다트)를 접어주고 B.P에서 3cm 올려 다트 양쪽 끝과 연결한다.

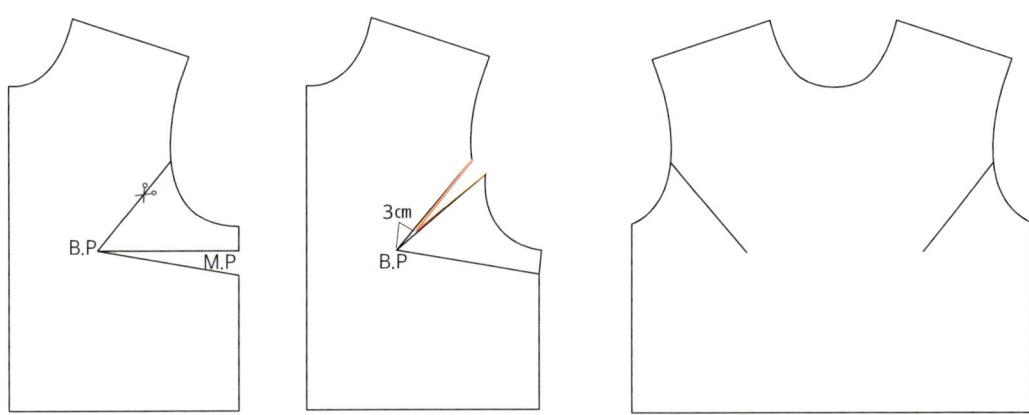

⑧ 숄더 포인트 다트(shoulder point dart)

어깨끝에서 B.P까지 절개 한 후, 기본 다트(언더 암 다트)를 접어주고 B.P에서 3cm 올려 다트 양쪽 끝과 연결한다.

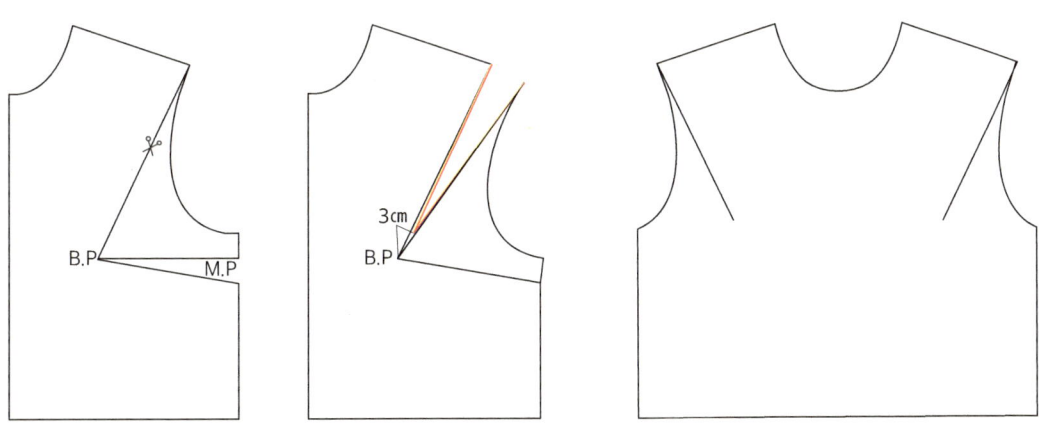

⑨ 숄더 다트(shoulder dart)

어깨에서 B.P까지 절개 한 후, 기본 다트(언더 암 다트)를 접어주고 B.P에서 3cm 올려 다트 양쪽 끝과 연결한다.

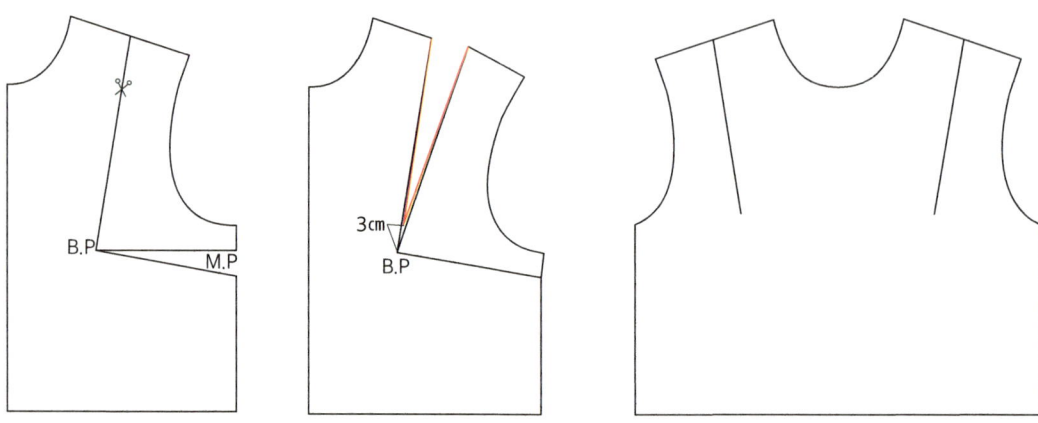

⑩ 네크 포인트 다트(neckline point dart)

앞판의 옆목점에서 B.P까지 절개 한 후, 기본 다트(언더 암 다트)를 접어주고 B.P에서 3cm 올려 다트 양쪽 끝과 연결한다.

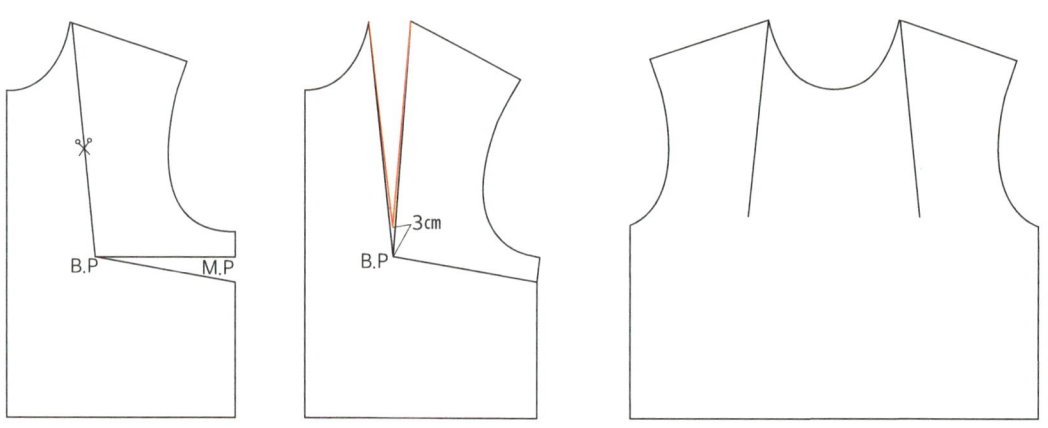

⑪ 네크라인 다트(neckline dart)

네크라인에서 B.P까지 절개 한 후, 기본 다트(언더 암 다트)를 접어주고 B.P에서 3cm 올려 다트 양쪽 끝과 연결한다.

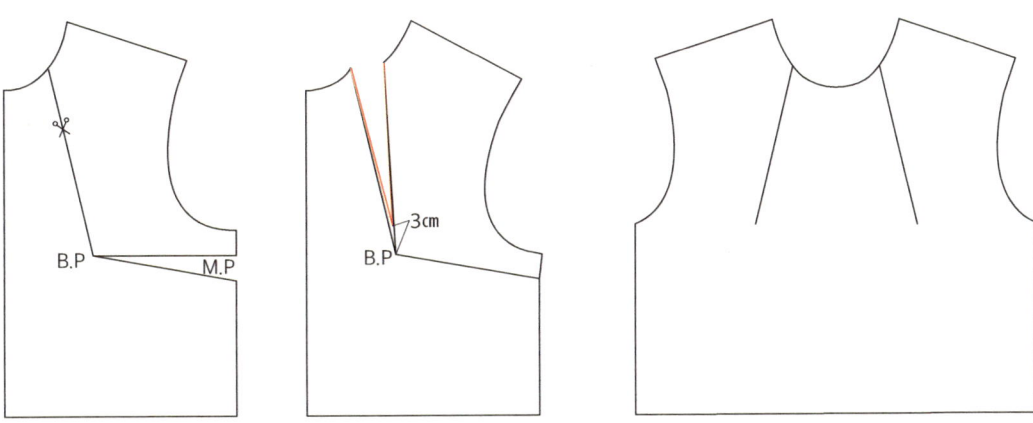

⑫ 뒤 네크라인 다트(neckline dart)

뒤판 네크라인에서 절개하여 숄더 다트를 접어주고, 네크라인 다트 끝에서 3cm 올려 다트 양쪽 끝과 연결한다. 어깨선도 정리한다.

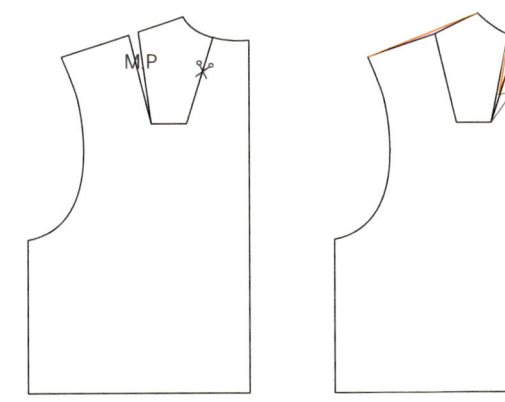
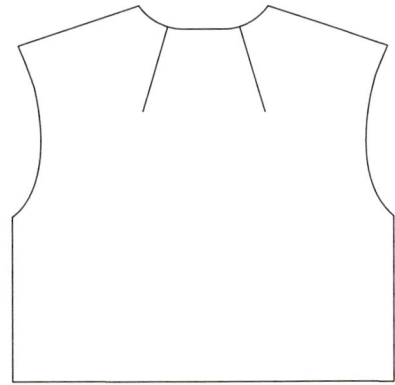

⑬ 숄더 다트(shoulder dart)

뒤판의 기본 다트(숄더 다트)로 3cm 올려 다트 양쪽 끝과 연결한다.

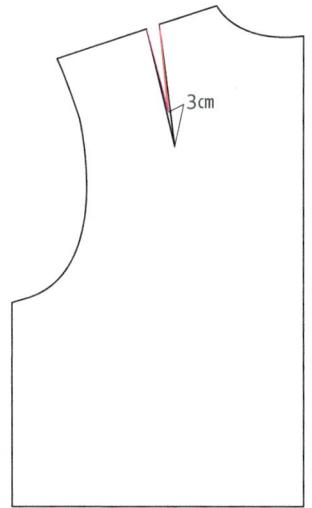
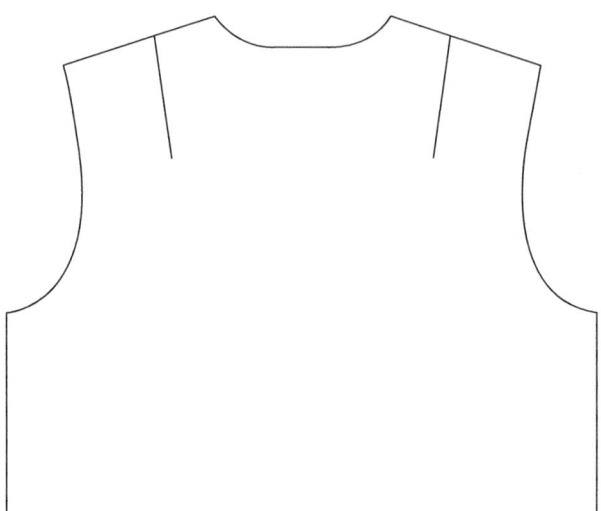

⑭ 뒤 암홀 다트(armhole dart)

암홀에서 절개하여 숄더 다트를 접어주고, 어깨선도 정리한다.

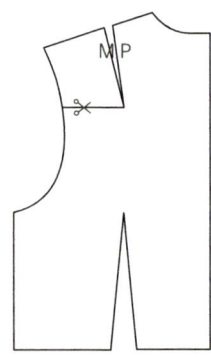
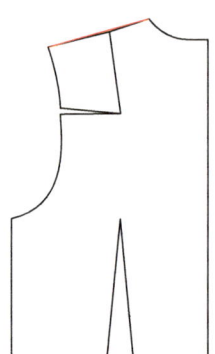
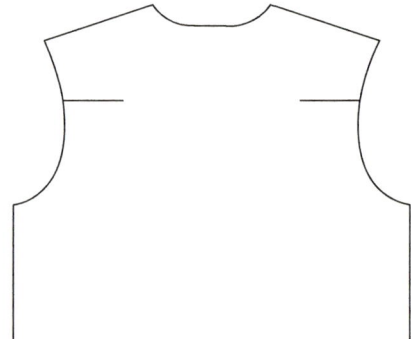

Part 1. 길 원형(Bodice basic pattern)

⑮ 숄더 프린세스 라인(shoulder princess line)

숄더 다트와 웨이스트 다트를 연결하는 선이다. 어깨에서 자른 후, 앞판은 기본 다트(언더 암 다트)를 접어 주고 웨이스트 다트를 잘라 버린 후, 튀어나온 선은 자연스럽게 정리한다. 뒤판은 숄더 다트와 웨이스트 다트를 연결하여 자른 후, 선을 자연스럽게 정리한다.

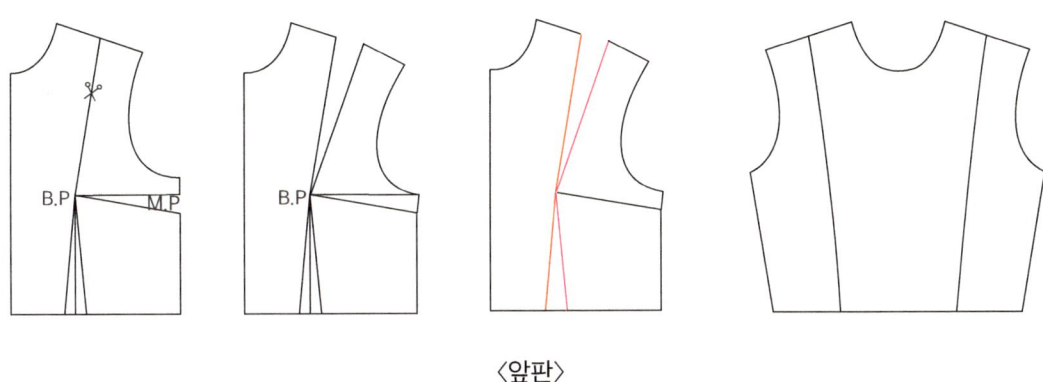

〈앞판〉

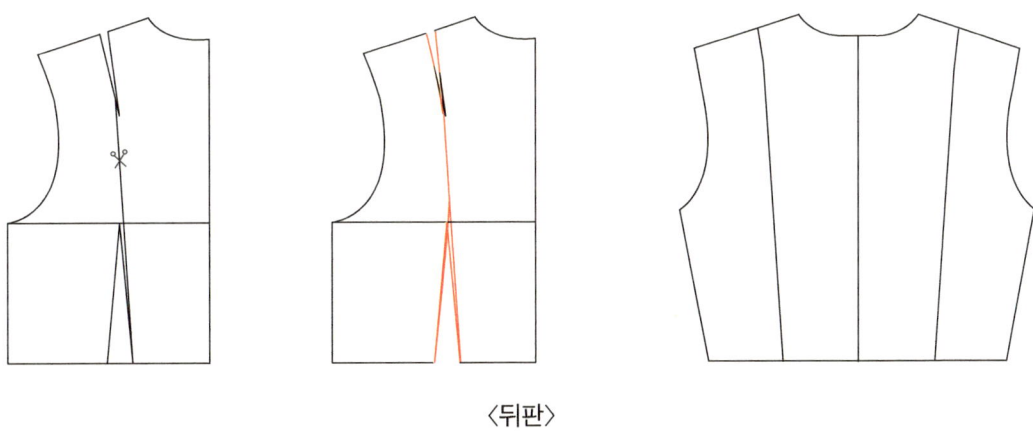

〈뒤판〉

⑯ 암홀 프린세스 라인(armhole princess line)

암홀 다트와 웨이스트 다트를 연결하는 선이다. 앞판은 암홀라인을 그려 B.P까지 절개 한 후, 기본 다트(언더 암 다트)를 접고 웨이스트 다트를 잘라 버린다. 뒤판은 암홀 다트와 웨이스트 다트를 연결하여 자른 후, 선을 자연스럽게 정리한다.

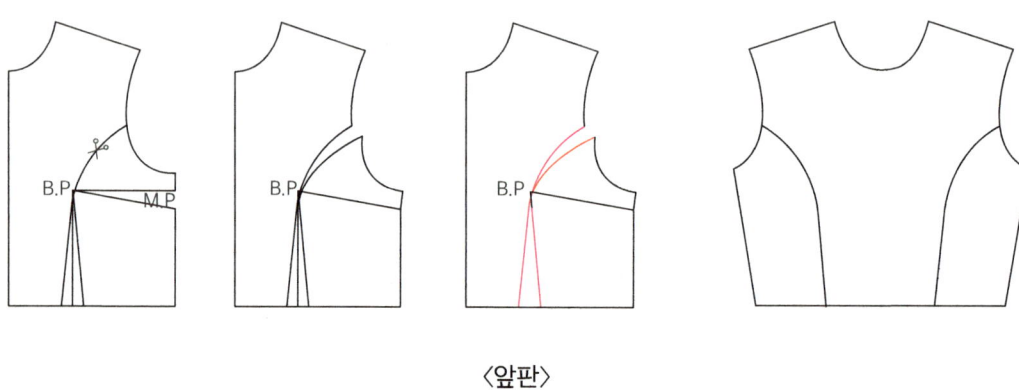

〈앞판〉

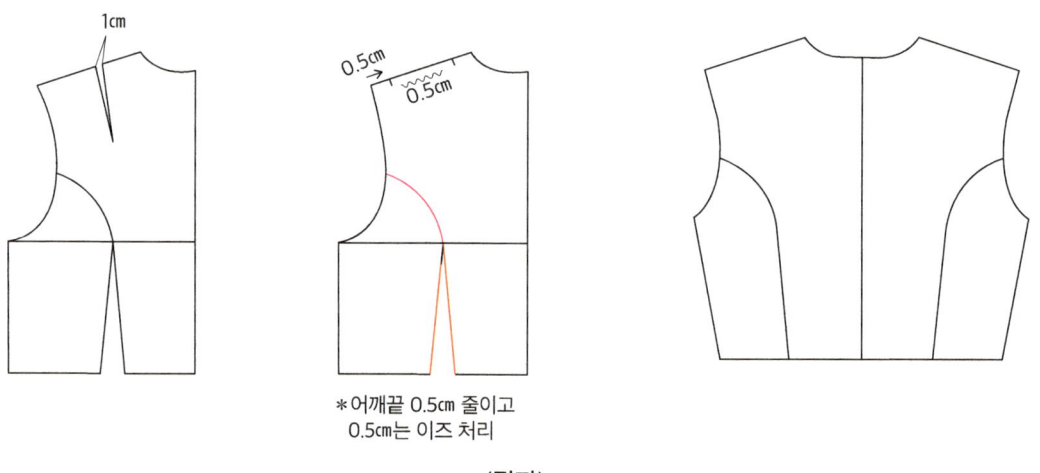

*어깨끝 0.5cm 줄이고 0.5cm는 이즈 처리

〈뒤판〉

PART
2

초보자를 위한 여성복 제작

소매 원형
(Sleeve basic pattern)

1. 소매 원형
2. 소매 원형의 활용

1. 소매 원형

소매 원형에 필요 치수는 길원형의 앞·뒤 진동둘레, 소매산 높이, 소매길이, 팔꿈치 길이이다. 소매산의 높이는 소매의 활동에 영향을 미치기 때문에 옷의 종류와 기능에 따라 가감한다.

1) 소매의 부위별 명칭

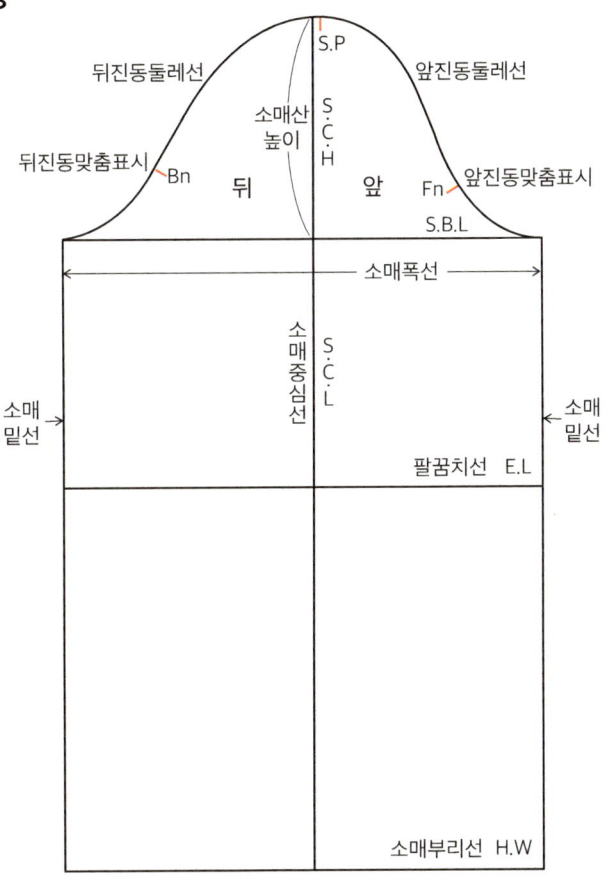

명칭	약자	명칭	약자
진동둘레(Arm Hole)	A.H	소매중심선(Sleeve Center Line)	S.C.L
앞소매산둘레(Front Arm Hole)	F.A.H	소매산높이(Sleeve Cap Height)	S.C.H
뒤소매산둘레(Back Arm Hole)	B.A.H	소매폭선(Sleeve Biceps Line)	S.B.L
앞진동 맞춤표시(Front notch)	Fn	팔꿈치선(Elbow Line)	E.L
뒤진동 맞춤표시(Back notch)	Bn	소매부리선(Hand Wrist)	H.W
어깨끝점(Shoulder Point)	S.P	소매길이(Sleeve Length)	S.L

2) 소매원형 제도

(1) 기초선 그리기

① 소매길이: 58cm

② 소매산 높이: AH/3

③ 팔꿈치선: 32~33cm

④ 소매산 높이, 팔꿈치선, 밑단 좌우로 약 20cm 정도 직각선을 그린다.

⑤ 1-2: 앞AH-0~0.5cm

⑥ 1-3: 뒤AH-0~0.5cm

⑦ 2와 3에서 밑단까지 수직선을 그린다.

⑧ 앞판 1-4: AH/8 (5.5cm)

⑨ 뒤판 1-5: AH/8-0.5 (5cm)

⑩ 앞판 2-6: AH/8-0.5 (5cm)

⑪ 뒤판 3-7: AH/8-2 (3.5cm)

⑫ 4-6, 5-7 연결

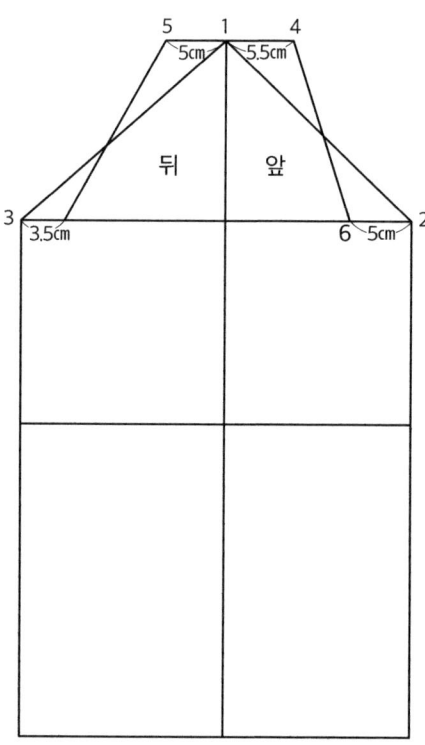

(2) 완성선 그리기

① a:1-2에서 4번을 향한 직각선
　b:1-3에서 5번을 향한 직각선
　c:1-2에서 6번을 향한 직각선
　d:1-3에서 7번을 향한 직각선

② 4-a, 5-b, 6-c 이등분점 표시하고, 7-d는 이등분점에서 0.3cm 위로 표시한다.

③ 표시한 점을 모두 지나는 곡선을 암홀자를 이용하여 그려준다.

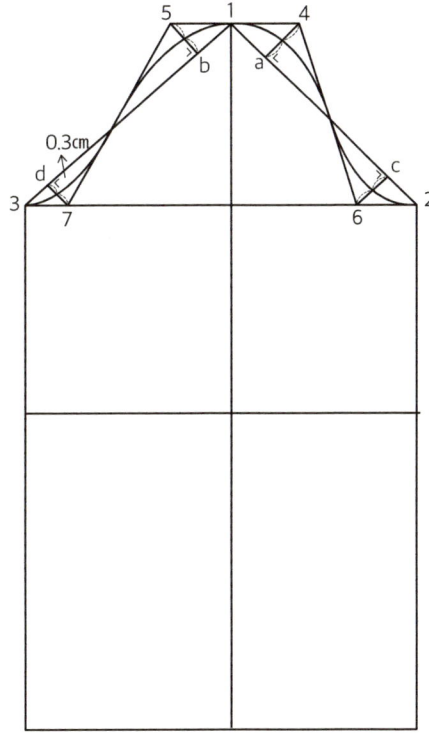

④ 소매중심선에서 0.4~0.5cm 앞판쪽으로 이동하여 어깨끝점(S.P)을 표시한다.

⑤ 앞진동 맞춤표시(Fn)는 앞몸판의 겨드랑점에서 너치점까지의 길이를 표시한다. (7cm)

⑥ 뒤진동 맞춤표시(Back notch)는 뒤몸판의 겨드랑점에서 너치점까지의 길이에 0.2cm를 더한 치수를 표시한다. (8.2cm)

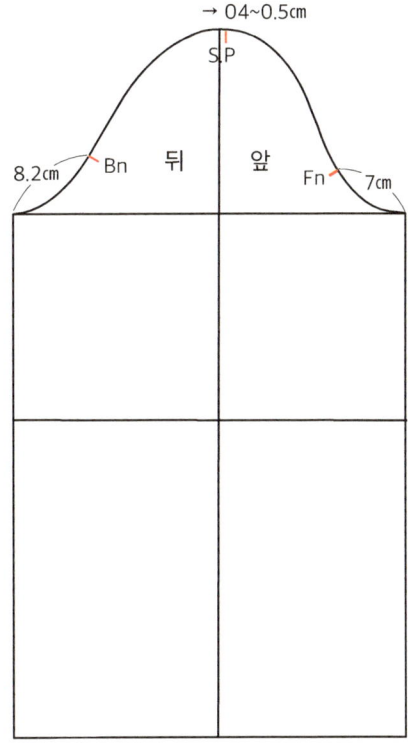

3) 소매산 높이에 따른 소매폭의 변화

(1) 소매산 높이 AH/3
슬림한 재킷 제도시 적용

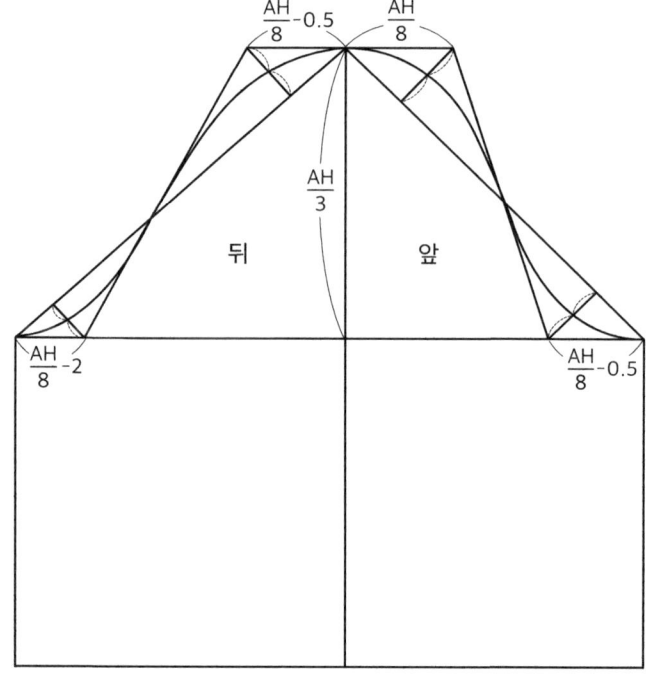

(2) 소매산 높이 AH/4+3
블라우스, 셔츠 제도시 적용

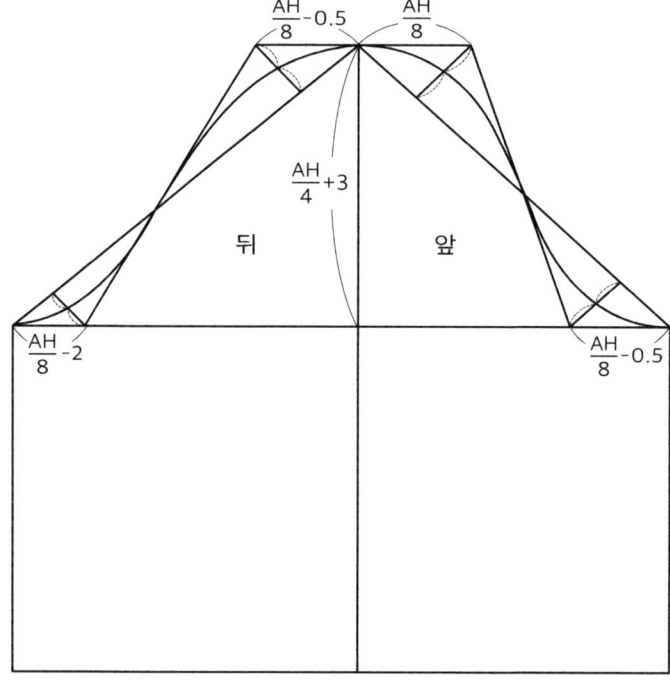

(3) 소매산 높이 AH/4

점퍼 제도시 적용.

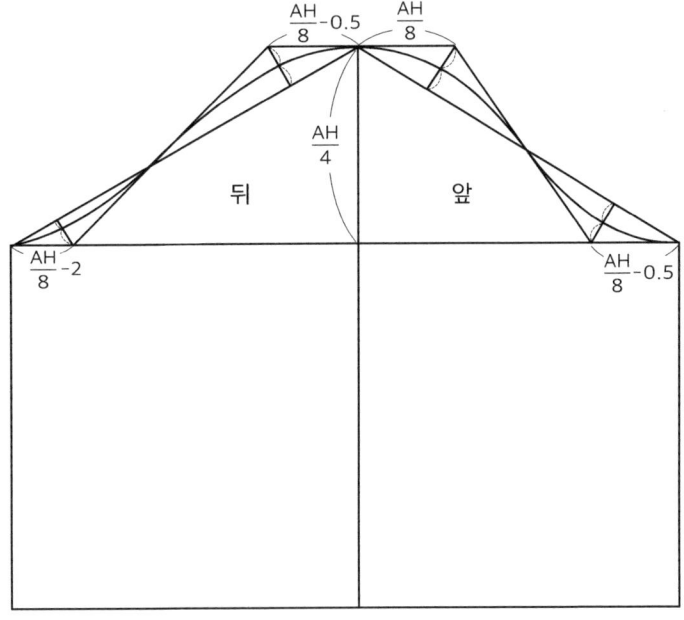

(4) 소매산 높이 AH/6

여유가 많은 셔츠, 점퍼 제도시 적용

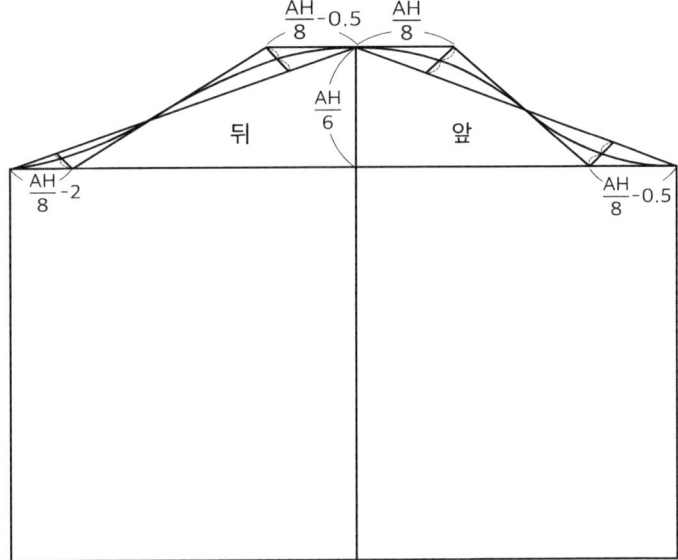

2. 소매 원형의 활용

1) 퍼프 슬리브(puff sleeve)

소매산둘레나 소매부리에 주름을 잡아 부풀린 소매이다. 일반적으로 퍼프 소매일때는 상의 기본원형 어깨길이를 1~1.5cm 줄여주며, 어깨를 넓게 강조할 경우 어깨길이를 줄이지 않고 어깨패드를 넣어 주기도 한다.

(1) 소매 위쪽 주름이 있는 퍼프 슬리브

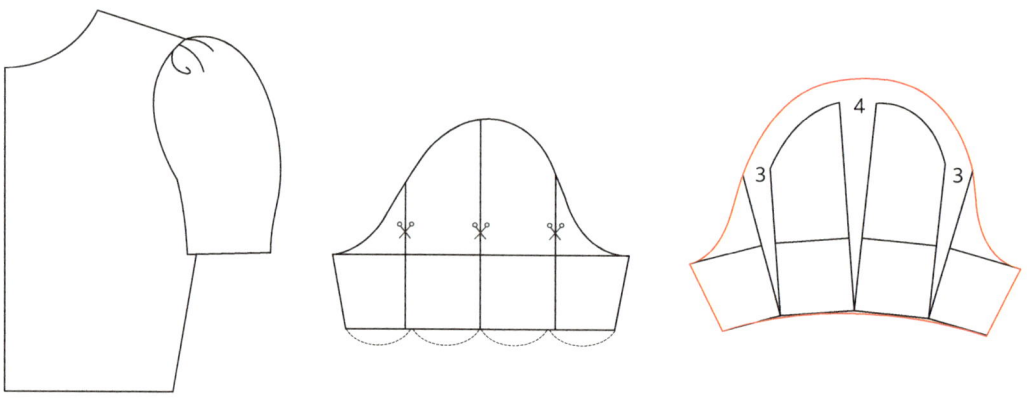

(2) 소매 아래쪽 주름이 있는 퍼프 슬리브

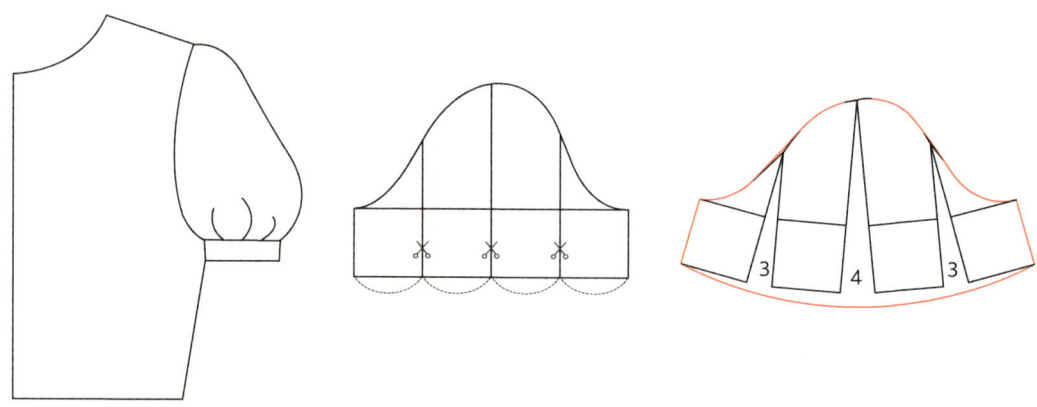

(3) 소매 위·아래 모두 주름이 있는 퍼프 슬리브

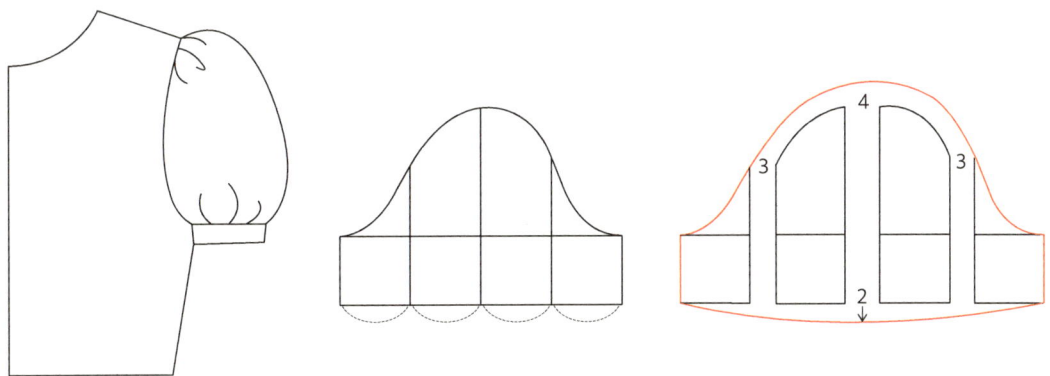

2) 비숍 슬리브(bishop sleeve)
소매산둘레나 소매부리에 주름을 잡아 부풀린 긴 소매이다.
(1) 소매 아래쪽 주름이 있는 비숍 슬리브

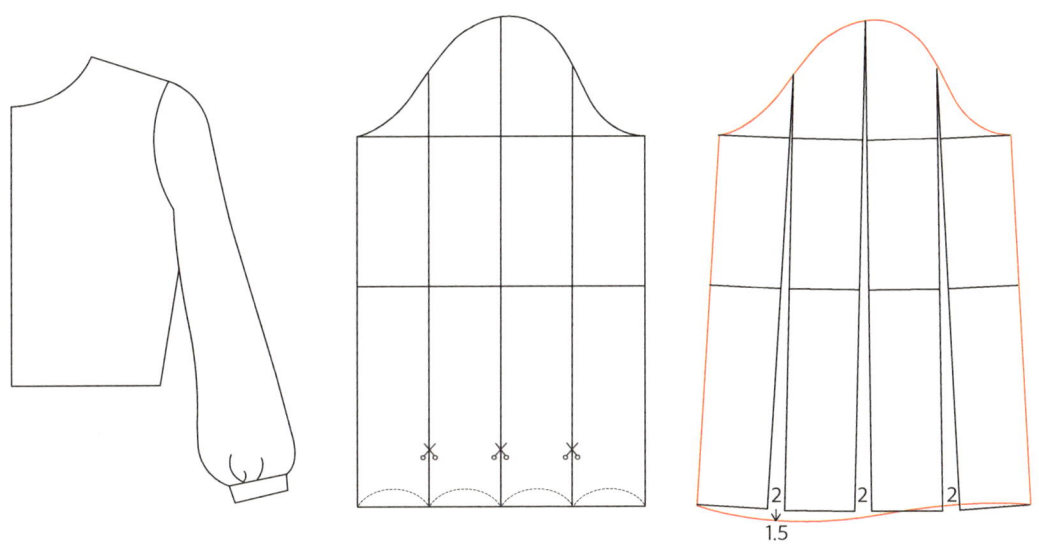

(2) 소매 위·아래 모두 주름이 있는 비숍 슬리브

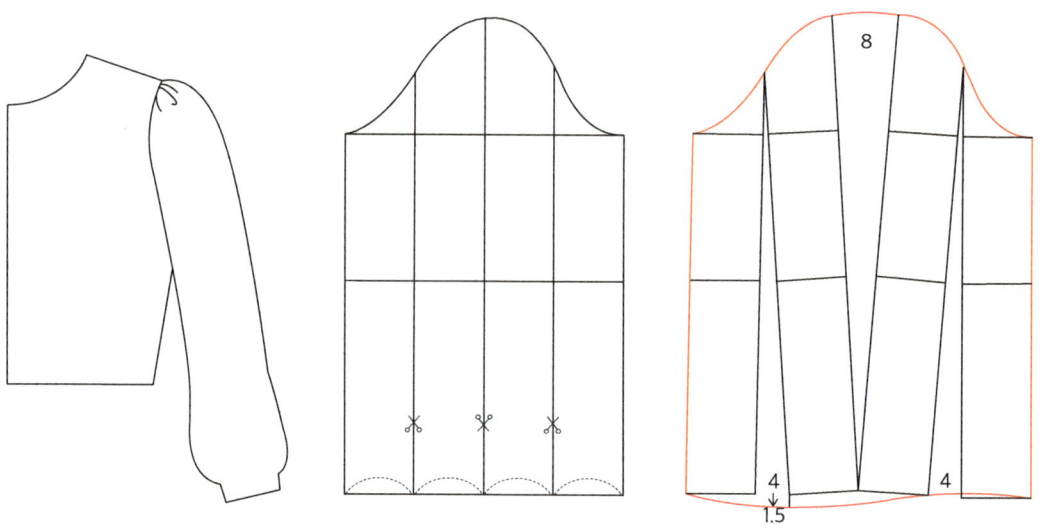

3) 벨 슬리브(bell sleeve)

소매부리가 종처럼 넓게 퍼지는 모양의 소매로, 길이와 너비 조절하여 디자인 할 수 있다.

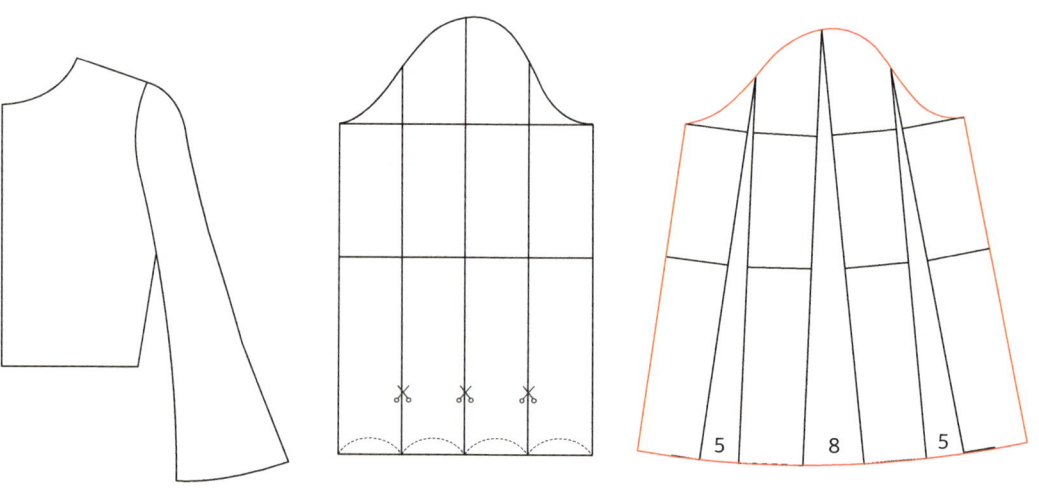

4) 케이프 슬리브(cape sleeve)

케이프를 두른 모양으로 절개선의 개수와 양에 따라 다양한 디자인이 가능하다.

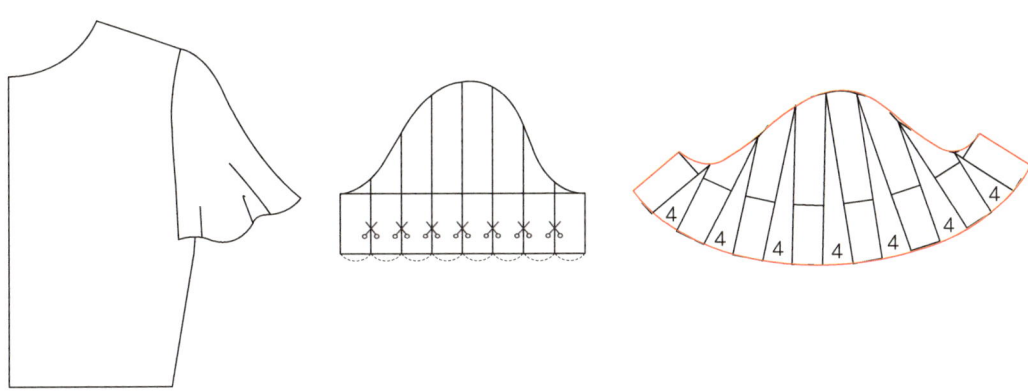

5) 랜턴 슬리브(lantern sleeve)

랜턴 모양의 소매로, 가로 절개선 위·아래를 절개하여 벌려 부풀린 디자인이다.

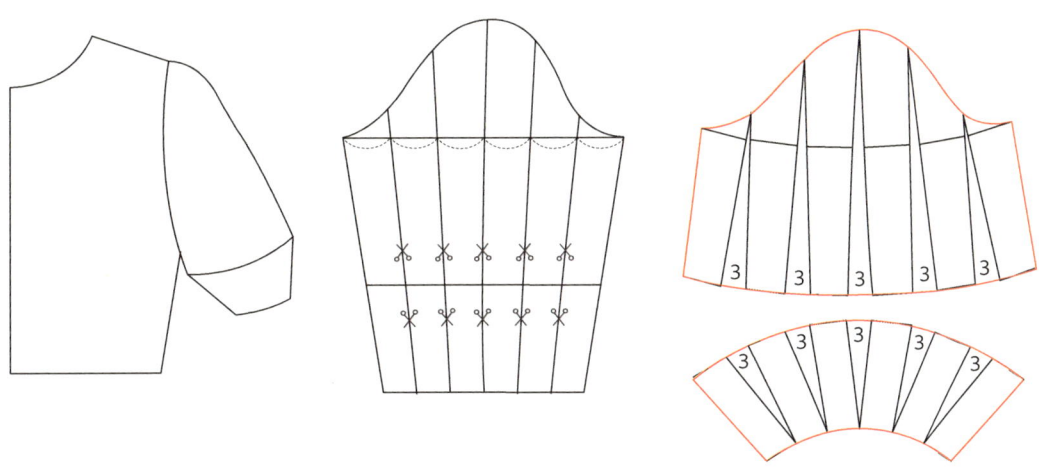

6) 캡 슬리브(cap sleeve)

어깨 끝에 캡을 씌운 모양의 귀여운 스타일의 소매이다.

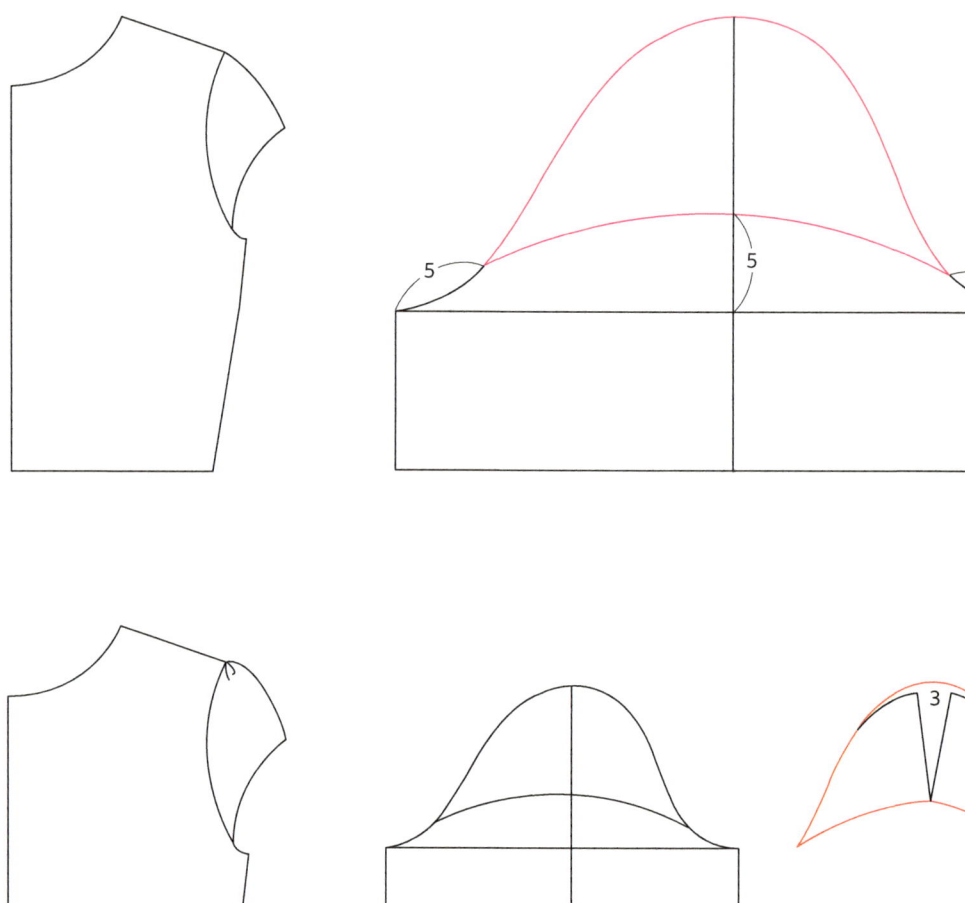

PART
3

✂

초 보 자 를 위 한 여 성 복 제 작

테일러드 재킷
(Tailored jacket)

1. 테일러드 재킷 패턴 제도
2. 테일러드 재킷 재단
3. 테일러드 재킷 봉제

1. 테일러드 재킷 패턴 제도

1) 테일러드 재킷 도식화

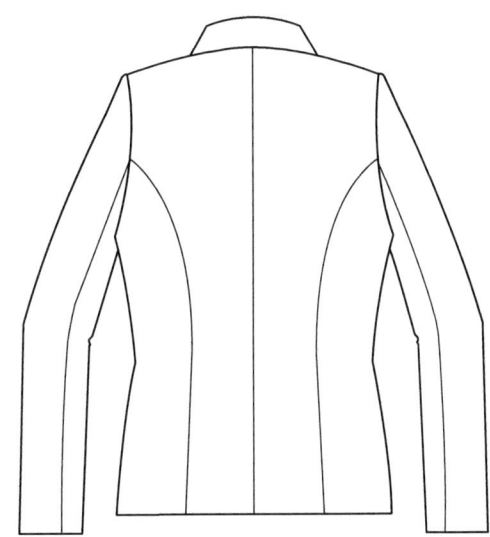

① 원 버튼(one-button)의 싱글 여밈(single breast) 테일러드 재킷이다.
② 앞·뒤판 모두 암홀로 이어지는 프린세스라인(princess line)이다.
③ 두장 소매이며, 양쪽 입술 포켓이다.

2) 테일러드 재킷 치수

치수 항목	인체 치수	재킷 완성치수	비고
가슴둘레	84	94	여유량 10cm
허리둘레	66	72	여유량 6cm
엉덩이둘레	90	94	여유량 4cm
등길이	38		
유장	24		
유폭	18		
재킷길이		58	
소매길이		60	
소매부리(밑단둘레)		25	

3) 재킷 부위별 명칭

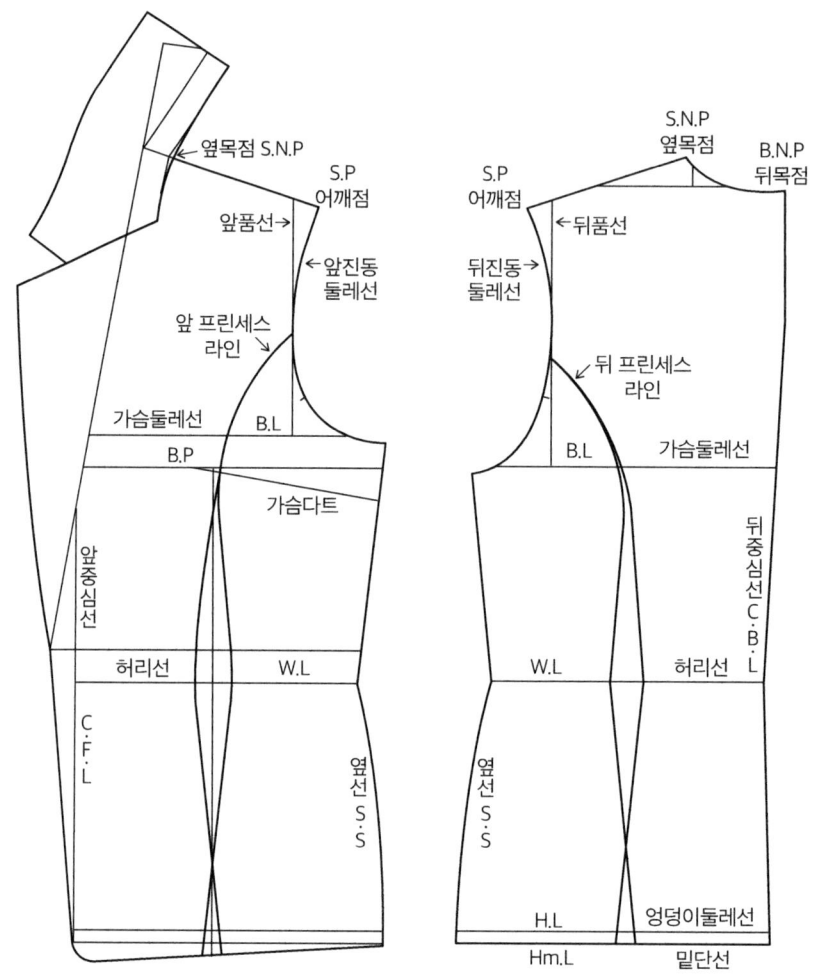

명칭	약자	명칭	약자
앞중심선(Center front Line)	C.F	앞진동둘레선(Front Arm Hole Line)	F.A.H.L
뒤중심선(Center back Line)	C.B	뒤진동둘레선(Back Arm Hole Line)	B.A.H.L
뒷목점(Back Neck Point)	B.N.P	젖꼭지점(Bust Point)	B.P
옆목점(Side Neck Point)	S.N.P	옆선(Side Seam)	S.S
가슴둘레선(Bust Line)	B.L	앞품선(Front Interscye Length)	
허리둘레선(Waist Line)	W.L	뒤품선(Back Interscye Length)	
엉덩이둘레선(Hip Line)	H.L	다트(Dart)	
밑단선(Hem Line)	Hm.L	프린세스라인(Princess Line)	

4) 패턴 제도

(1) 뒤판 제도

① 길원형 뒤판 허리선에서 길이 20cm를 연장하여 총길이 58cm가 되게 그린다.

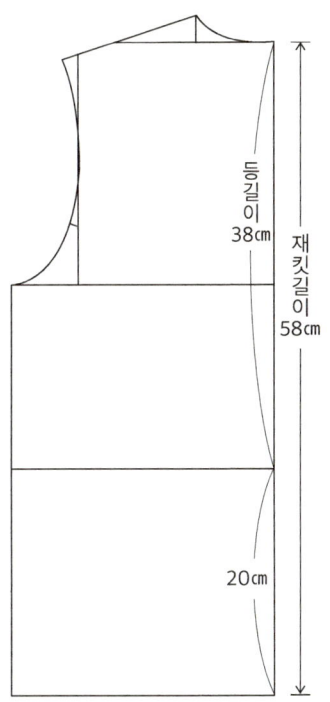

② 뒤목점에서 가슴선까지 2등분하여 표시하고 뒤중심쪽 허리선에서 1.5cm 들어온 점과 곡선으로 연결한다.

③ 뒤중심에서 1.5cm 들어온 점과 밑단에서 1cm 들어온점을 직선으로 연결한다.

④ 옆목점에서 0.5cm 어깨선 따라 내린점과 뒤목점에서 0.3cm 내린점을 표시하여 뒤목둘레선을 다시 그린다.

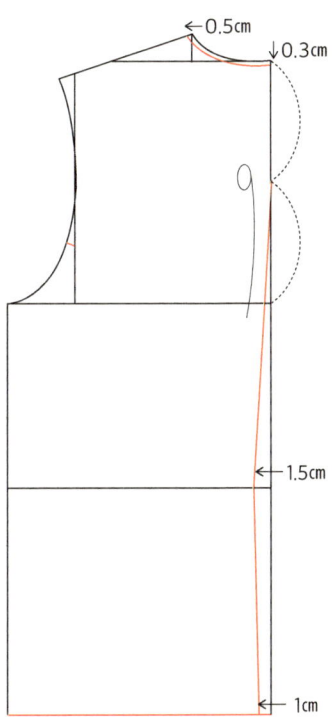

⑤ 어깨끝에서 0.5cm 내려 다트 대신 이즈량(여유)을 주고, 어깨끝과 옆목점에 2.5cm 안쪽으로 너치를 표시한다.
⑥ 재킷의 겨드랑이 점을 0.5cm 내려 뒤진동선을 그린다.
⑦ 옆허리선에서 1.5cm 들어온 점을 표시한다.
⑧ 밑단에서 1cm 나온 점과 옆허리선까지 곡자로 연결하여 밑단의 옆선이 직각이 되게 한다.

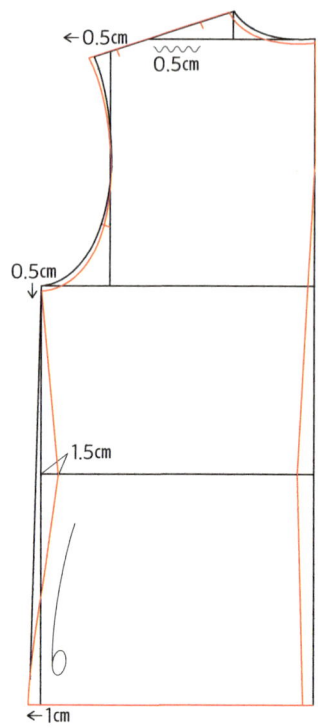

⑨ 허리선을 이등분하여 중심에서 위로는 가슴선까지, 아래로는 밑단까지 수직선을 그린다.
⑩ 허리선 중심에서 양쪽으로 1.5cm씩 표시하고 위로는 가슴선까지, 밑단에서는 0.7cm씩 교차하여 직선으로 연결한다.

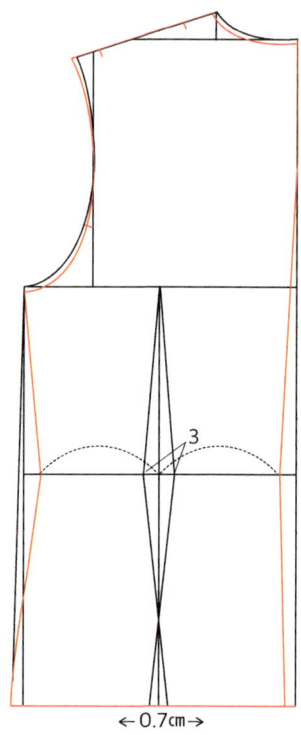

⑪ 프린세스라인 시작점은 가슴선에서 8.5cm올린 점이다.
⑫ 프린세스라인 시작점과 허리다트선을 자연스럽게 연결하고 허리선 다트 안쪽을 살짝 곡선으로 수정한다.

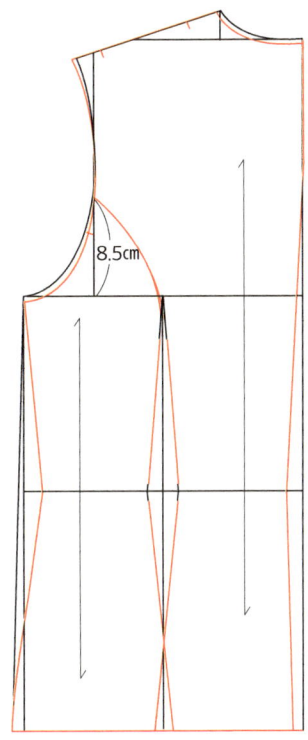

⑬ 뒤안단선은 옆목에서 4cm 어깨선 따라 내려 뒤중심쪽 7cm내려 자연스러운 곡선으로 연결한다.
⑭ B1, B2 패턴에 각각 식서방향 표시하고 약자를 표시한다.

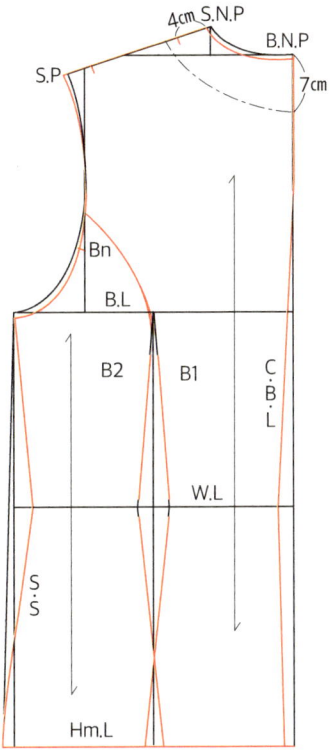

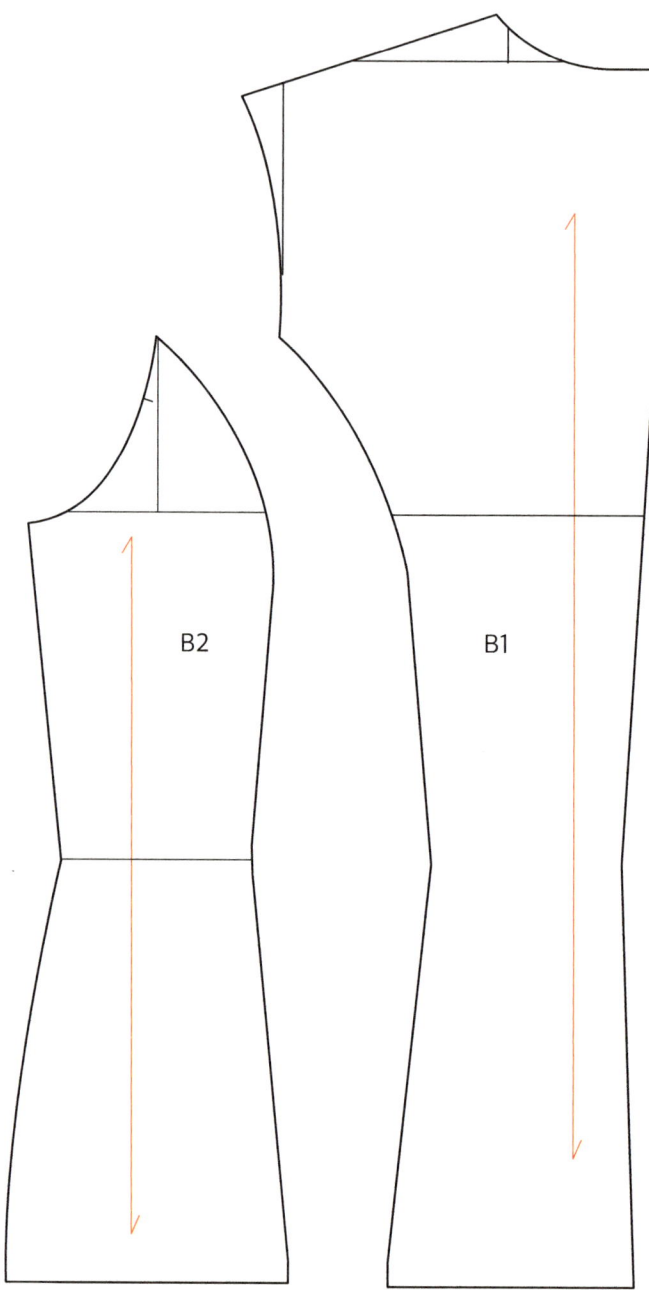

〈재킷 뒤판 패턴〉

(2) 앞판 제도
① 길원형 앞판 허리선에서 길이 20cm를 연장한다.

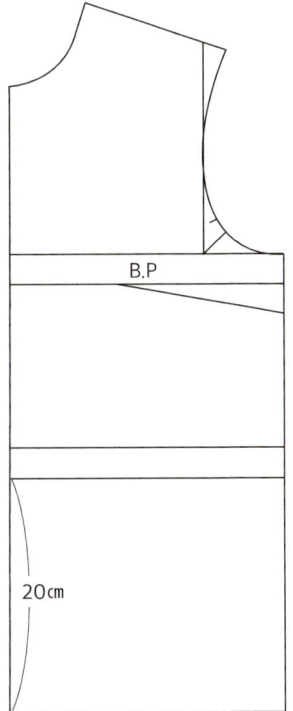

② 앞목둘레를 0.5cm씩 키워 그린다.
③ 겨드랑이점에서 아래로 0.5cm 내려 앞진동선을 그린다.
④ 허리선에서 2.5cm 들어온점과 겨드랑이점을 직선으로 연결한다.
⑤ 허리선과 밑단의 직각을 유지하며 곡선으로 연결한다.

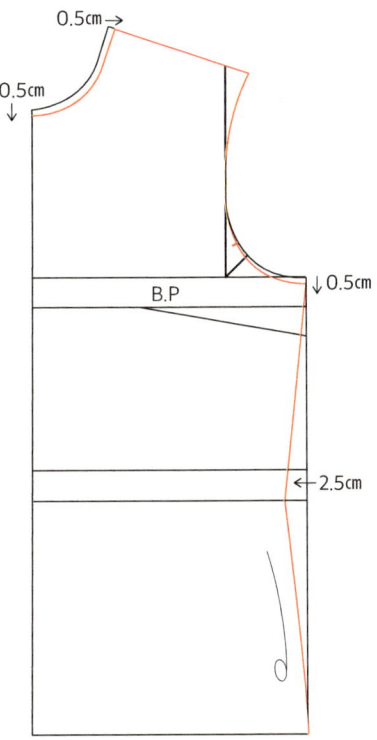

⑥ 앞중심 허리선 위로 2.5cm 올린선에서 여밈분 2cm 나가 표시하고, 앞중심선 밑단을 1.5cm 아래로 연장한 점과 사선으로 연결한다.
⑦ 앞중심 밑단과 옆선 끝을 직선으로 연결한 후 앞중심 밑단을 곡선으로 그린다.

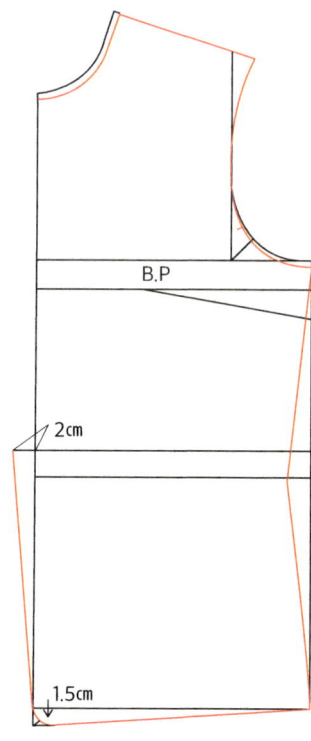

⑧ B.P에서 1.5cm 오른쪽으로 이동하여 밑단까지 수직선을 그린다.
⑨ 허리선에서 수직선 양쪽으로 1.5cm씩 표시하고 위로는 가슴다트까지, 밑단에서는 0.7cm씩 교차하여 직선으로 연결한다.
⑩ 프린세스라인 시작점은 가슴선에서 8cm올린 점이다.
⑪ 프린세스라인 시작점과 앞 허리다트선을 자연스럽게 연결하고 허리선 다트 안쪽을 살짝 곡선으로 수정한다.

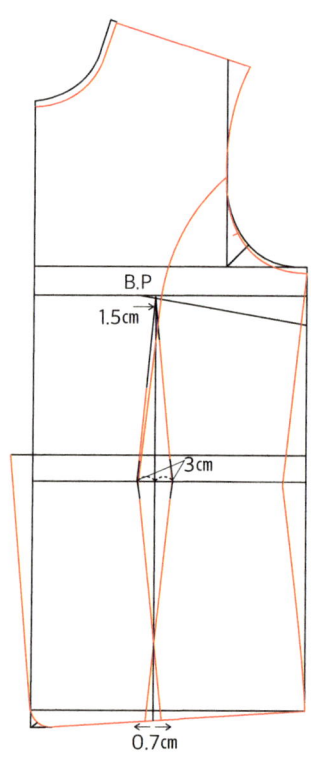

(3) 칼라 패턴 제도

① 옆목점에서 어깨선 따라 위로 2cm 연장한다(점A).
② 앞여밈 시작점에서 A를 지나 뒤목둘레 치수만큼 올라가 표시한다.
③ 오른쪽으로 직각선 3.5cm 그린 후, A와 연결한다.

④ A-B와 평행한 선을 옆목점 A´-B´까지 그리고, 옆목점 A´에서 평행선 따라 뒤목둘레만큼 표시한다.
⑤ 왼쪽으로 직각선 7.5cm 그린 후, 다시 직각으로 뒤목둘레길이 정도로 연장한다.

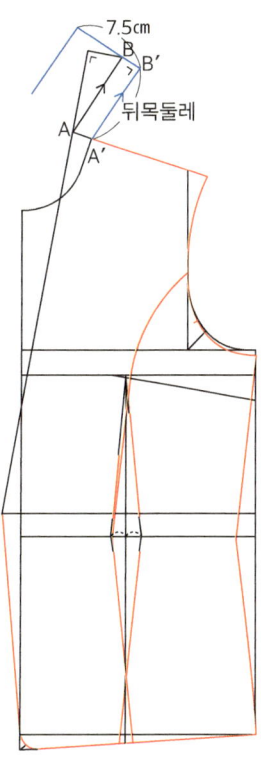

⑥ A에서 12cm 라펠꺾임선 따라 내려 직각으로 7.5cm(라펠폭) 나간 점을 표시한다.
⑦ 라펠꺾임선과 평행하게 A´에서 5cm 내려 그린다.

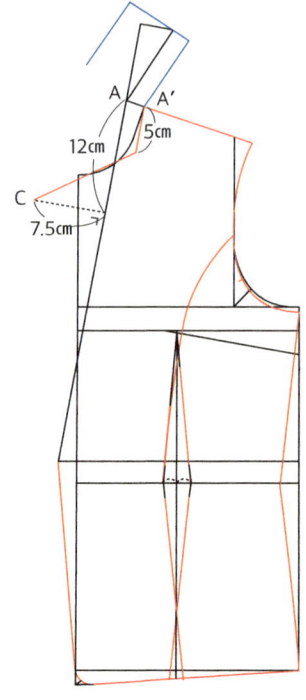

⑧ C와 D를 직선으로 연결한다.(고지선)
⑨ C에서 라펠꺾임선 시작점까지 사선으로 그린 후 2등분하고 0.5cm 직각으로 나간 점을 표시한다.
⑩ C에서 0.5cm 나간 점을 지나 라펠꺾임선 시작점까지 곡선으로 그린다.

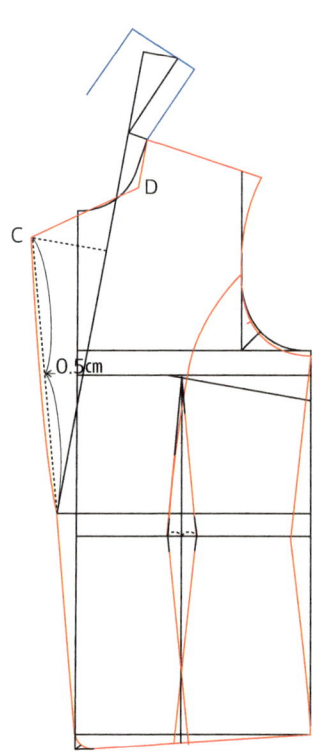

⑪ C에서 4cm 들어온 점에서 칼라 F와의 간격은 4cm, E-F 길이는 3.5cm로 그린다.

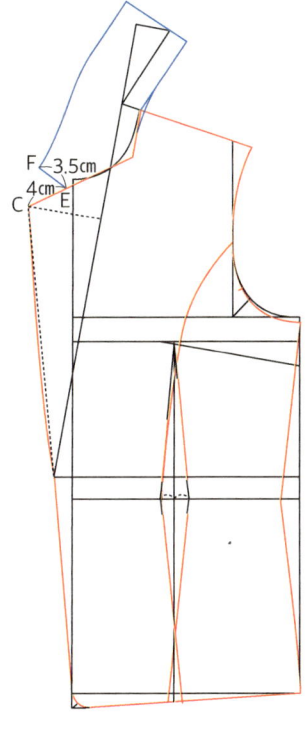

(4) 플랩포켓 패턴 제도

① 플랩포켓은 허리선에서 4.5cm 내린점, 앞중심에서는 7cm 들어온점에서 시작하여 12cm 길이이다.
② 포켓 길이 12cm 끝에서 직각으로 0.5cm 올려 윗선을 연결하고, 양끝에서 직각선 5cm씩 내려와 아래선을 그린다.

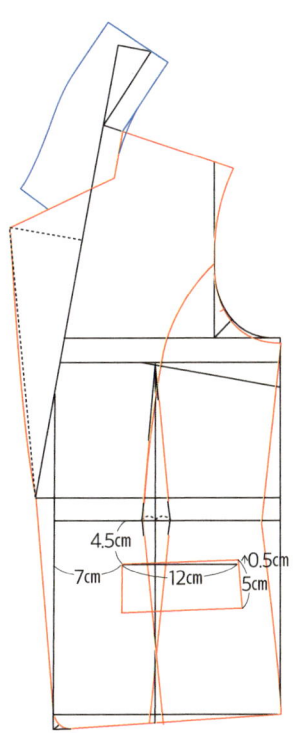

(5) 앞안단, 단추, 기호 그리기

① 앞안단은 앞중심과 평행하게 밑단에서부터 6cm 간격으로 가슴선까지 그린 후, 옆목에서 4cm 내려온 점과 곡선으로 연결한다.

② 단추는 라펠꺾임선 시작점과 같은 라인 앞중심에 표시한다.

③ 칼라, F1, F2, 플랩포켓에 식서방향과 약자 등을 표시한다.

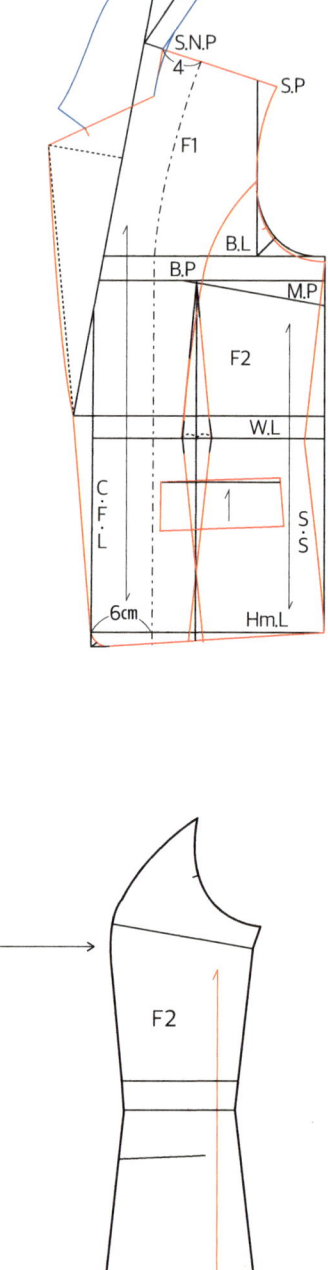

〈재킷 앞판 패턴 분리〉 〈옆패널 가슴다트 접기〉

(6) 소매 패턴 제도

① 소매길이 58cm로 수직선을 그린다.

② 소매산 높이 A.H/3을 표시한다.

③ 팔꿈치선을 표시한다.(32~33cm)

③ 소매산 높이를 표시한 점과 팔꿈치선, 밑단에서 좌우로 직각선을 약 20cm 이상의 길이로 그린다.

④ 1-2:앞진동둘레(F.A.H)-0.5cm, 1-3:뒤진동둘레(B.A.H)-0.5cm를 표시한다.

⑤ 2와 3에서 수직선을 내린다.

⑥ 4:1번에서 오른쪽 A.H/8cm,
  5:왼쪽A.H/8-0.5cm를 표시한다.

⑦ 6:2번에서 A.H/8-0.5cm,
  7:3번에서 A.H/8-2cm만큼 표시하고,

⑧ 4와 6, 5와 7를 직선으로 연결한다.

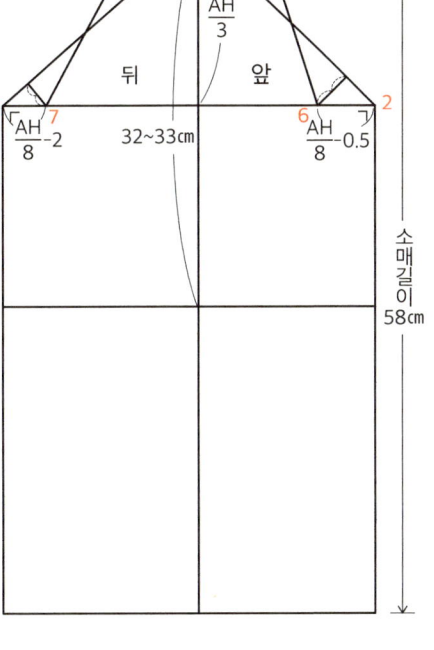

⑨ 소매 앞 1-2에서 4로 직각선을 그리고 이등분, 1-2에서 6로 직각선을 그리고 이등분한다.

⑩ 소매 뒤 1-3에서 5로 직각선을 그리고 이등분, 1-3에서 7로 직각선을 그리고 이등분한다.

⑪ 소매 앞진동둘레선: 1-8에서 교차점지나 9-2까지 암홀자를 이용하여 곡선을 그린다.

⑫ 소매 뒤진동둘레선: 1-10에서 교차점지나 11-3까지 암홀자를 이용하여 곡선을 그린다.

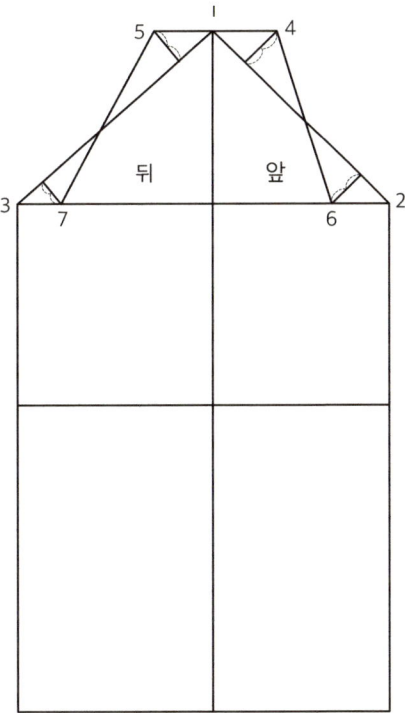

⑬ 몸판의 앞진동맞춤표시와 같은 길이, 뒤진동맞춤 표시+0.2cm 길이를 소매 진동둘레에 표시한다. 어깨점은 앞소매쪽으로 0.5cm 이동하여 표시한다.

⑭ 소매 중심선에서 앞판 쪽으로 2.5cm 이동하여 선 A-B를 그린다.

⑮ 3-A의 2등분점에서 팔꿈치선까지 아래로 수직선을 그린다.

⑯ 2-밑단까지 내린 수직선과 평행하게 2.5cm 안쪽선을 그린다.(C-D)

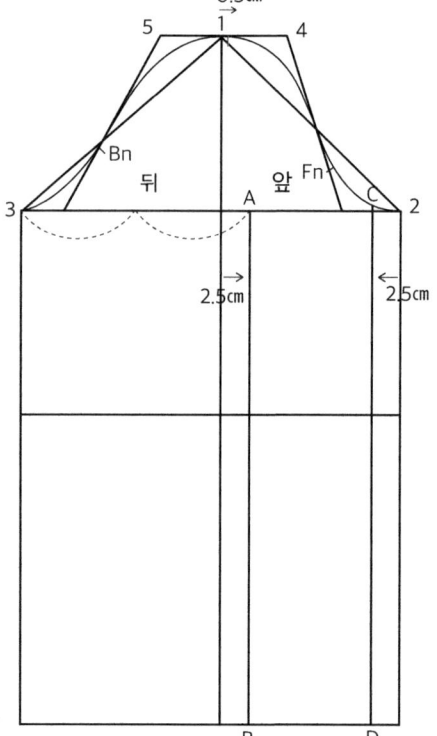

⑰ 3-A의 2등분점에서 위로 수직선을 올리고 좌우로 1.25cm인 지점을 찾아 표시한다.

⑱ 뒤소매 밑단과 1cm 간격의 평행선을 그린다.

⑲ D에서 16.5cm인 지점에서 밑단으로 1cm 내려 표시한다.

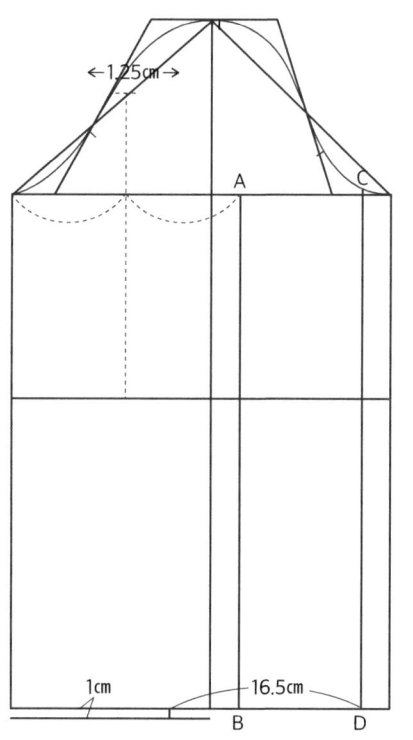

⑳ E´에서 F를 지나 G까지 곡선으로 연결한다.
㉑ D와 G는 직선으로 연결한다.
㉒ C와 팔꿈치선 안쪽으로 1cm 들어온 점과 곡선으로 연결한 후 D와 연결하면 큰소매 완성이다.

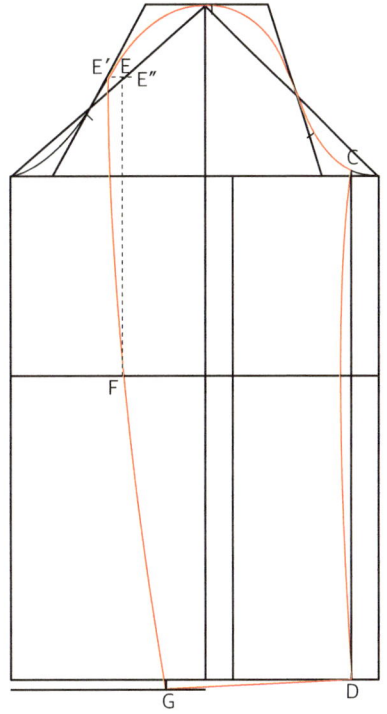

㉓ A-B와 2.5cm 간격인 평행선을 오른쪽에 그린다. C에서 D까지의 길이와 같다.
㉔ 팔꿈치선에서 F에서 1cm 들어온 점(J)을 표시하고, H-I의 팔꿈치 선에서도 1cm 안쪽(K)으로 표시한다.

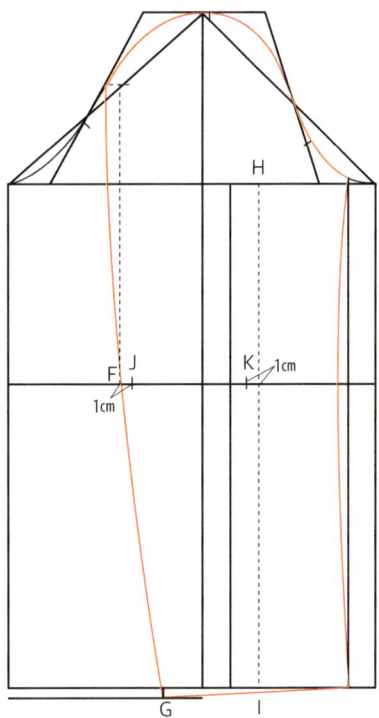

㉕ E″에서 J를 지나 G까지 곡선으로 그리고, H에서 K를 지나 I까지 곡선으로 그린다.

㉖ 3-E′의 곡선을 E″에서 A까지 그대로 카피하고, C-2까지의 선은 H-A에 그리면 작은소매 완성이다.

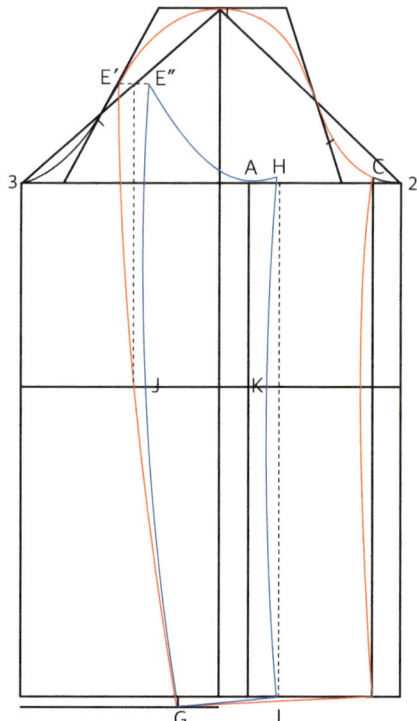

㉗ 패턴의 기호와 약자를 그린다.

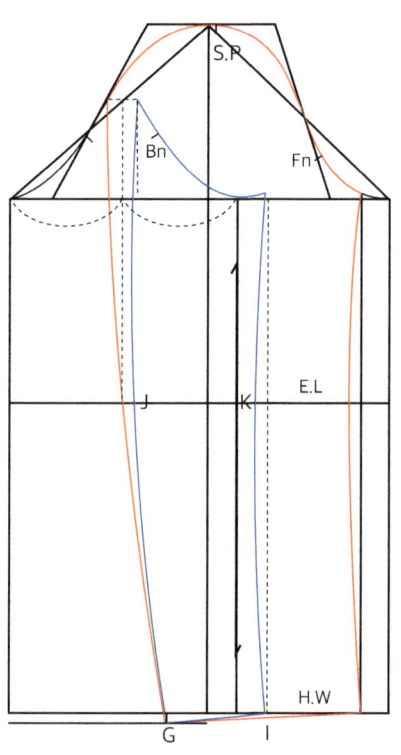

〈큰소매와 작은소매로 분리〉

테일러드 재킷 패턴

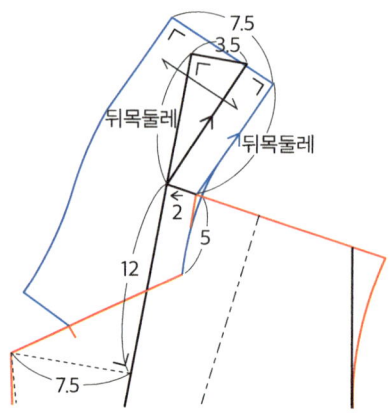

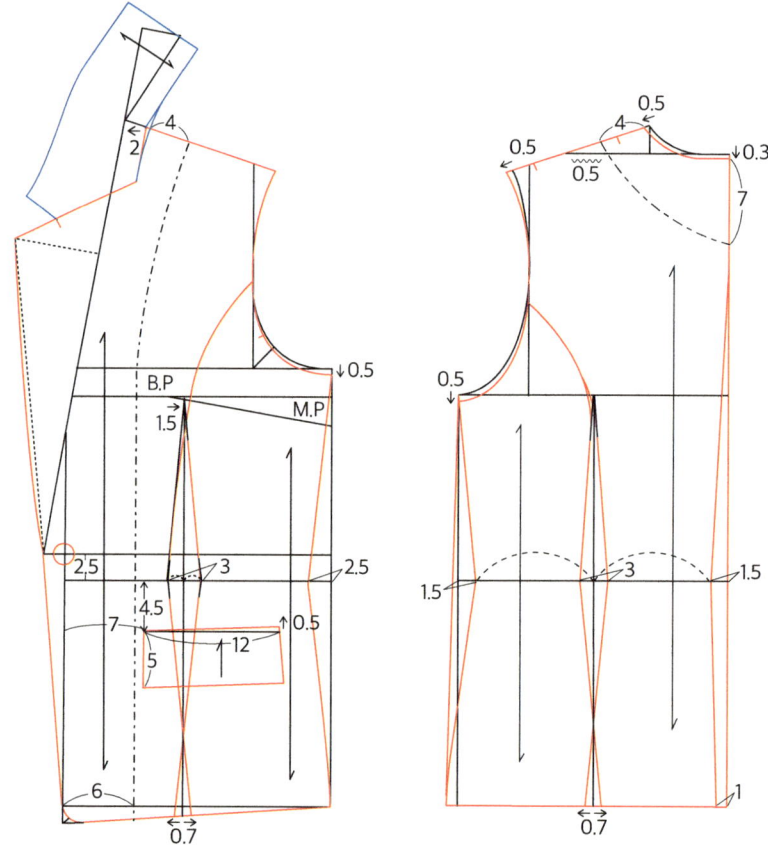

〈재킷 앞·뒤판과 칼라〉

Part 3. 테일러드 재킷(Tailored jacket)

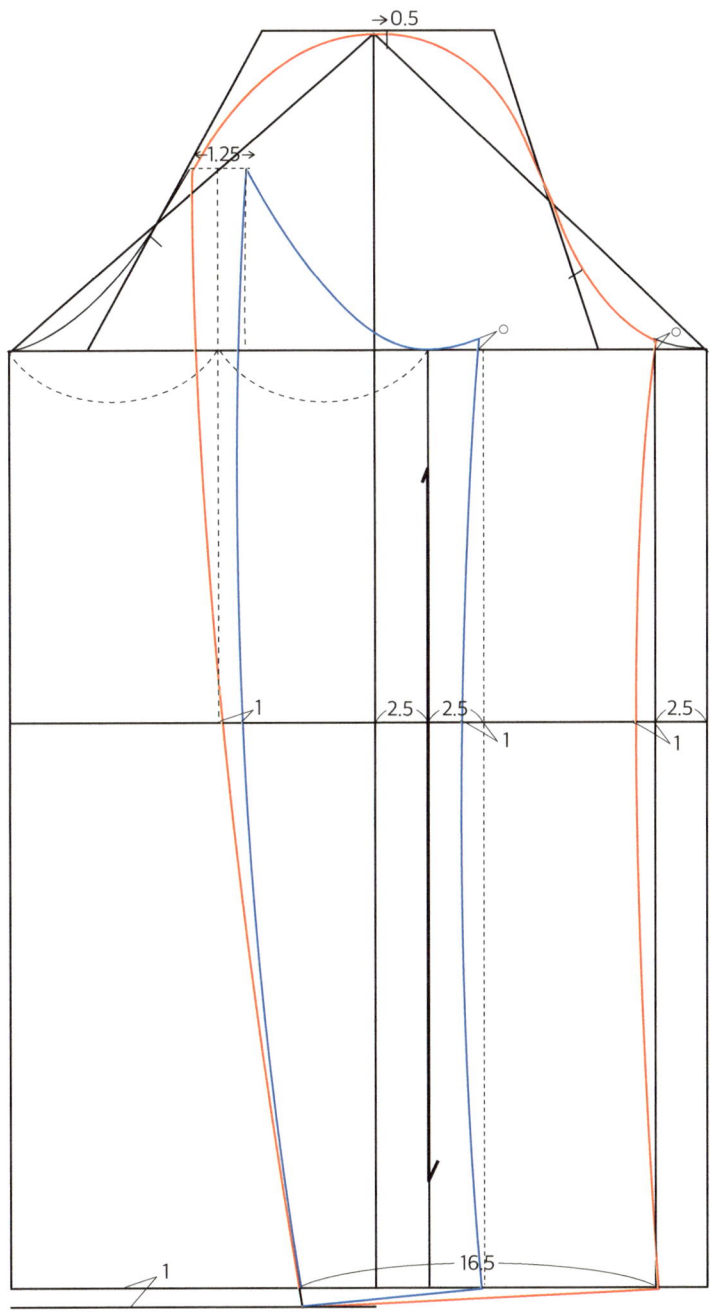

〈재킷의 두 장 소매〉

2. 테일러드 재킷 재단

1) 겉감 재단(폭 150cm)

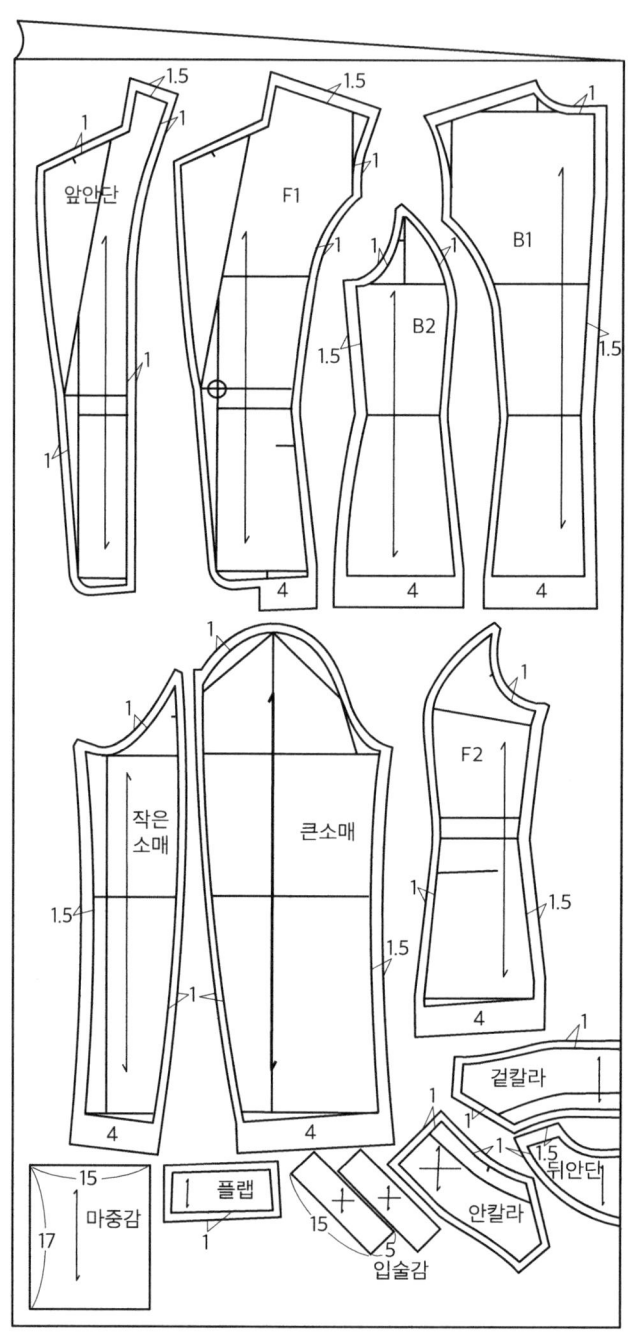

2) 안감 재단(폭 110cm)

＊소매 안감재단시 안감의 겨드랑이쪽 시접을 길게 해줘야 옷이 당기지 않고 자연스럽다.

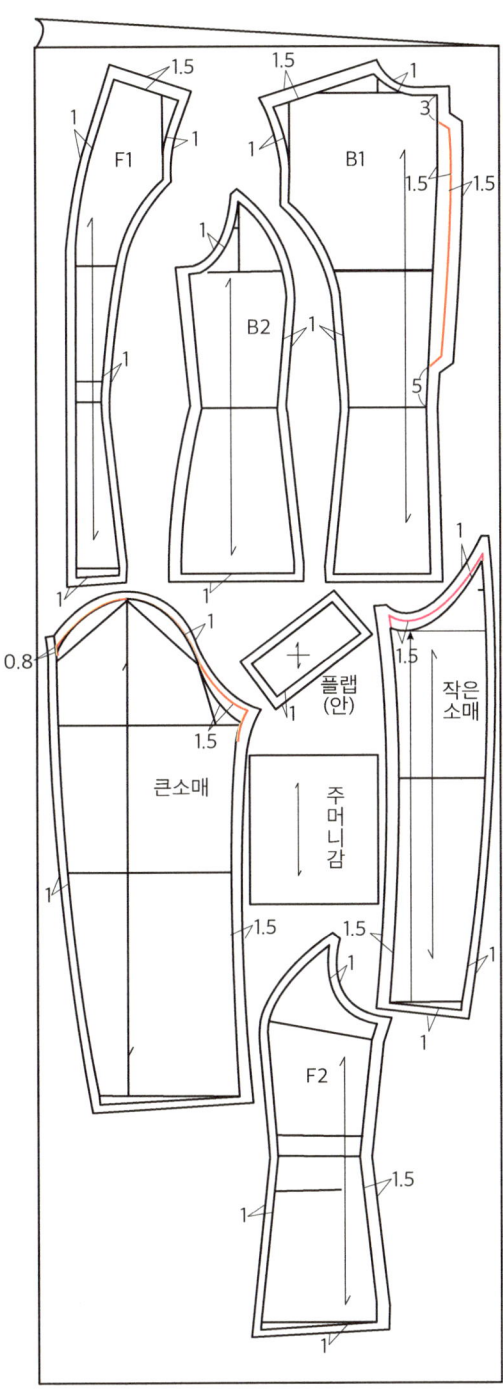

3) 심지 재단
(1) 심지 패턴

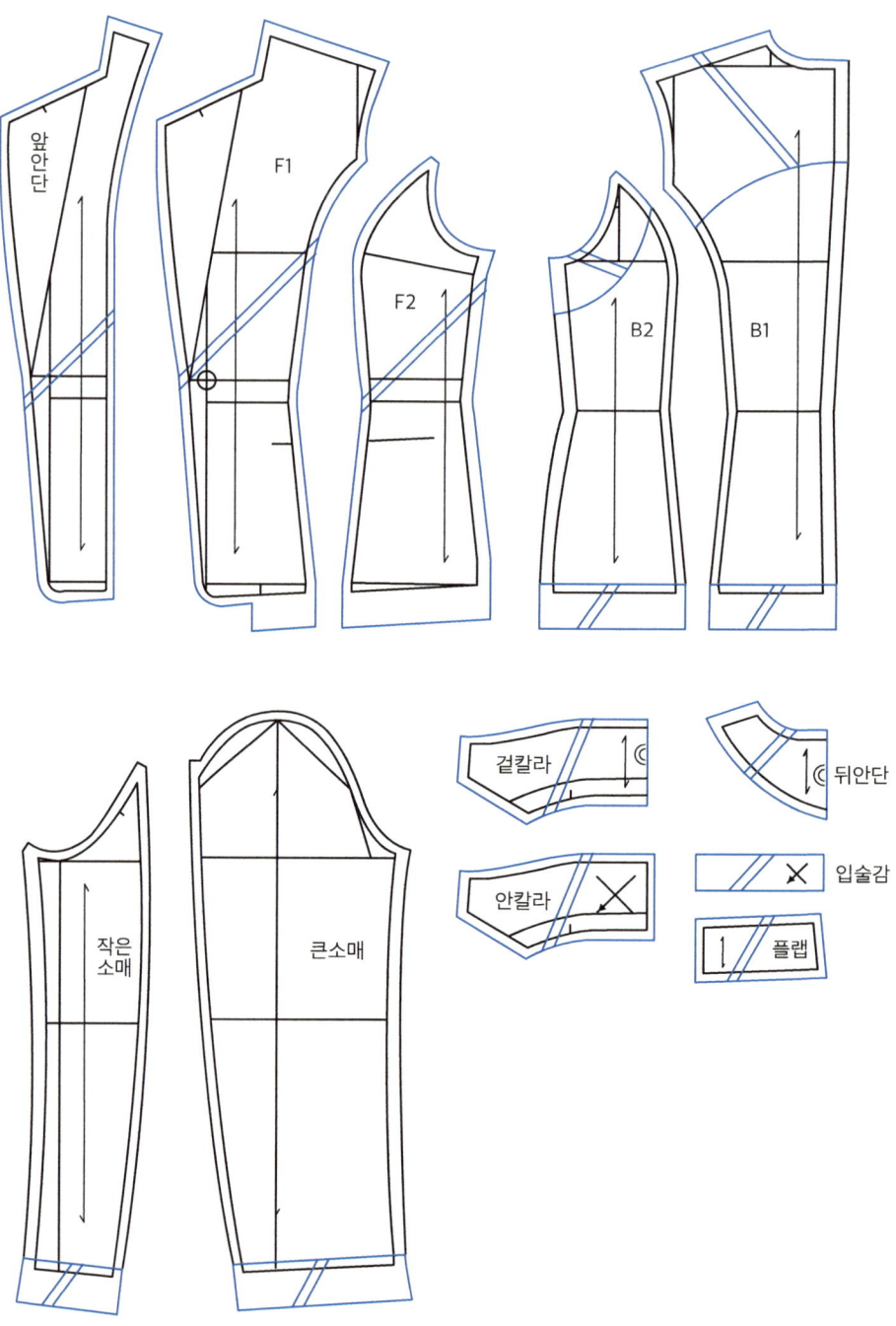

(2) 심지 재단(110cm)

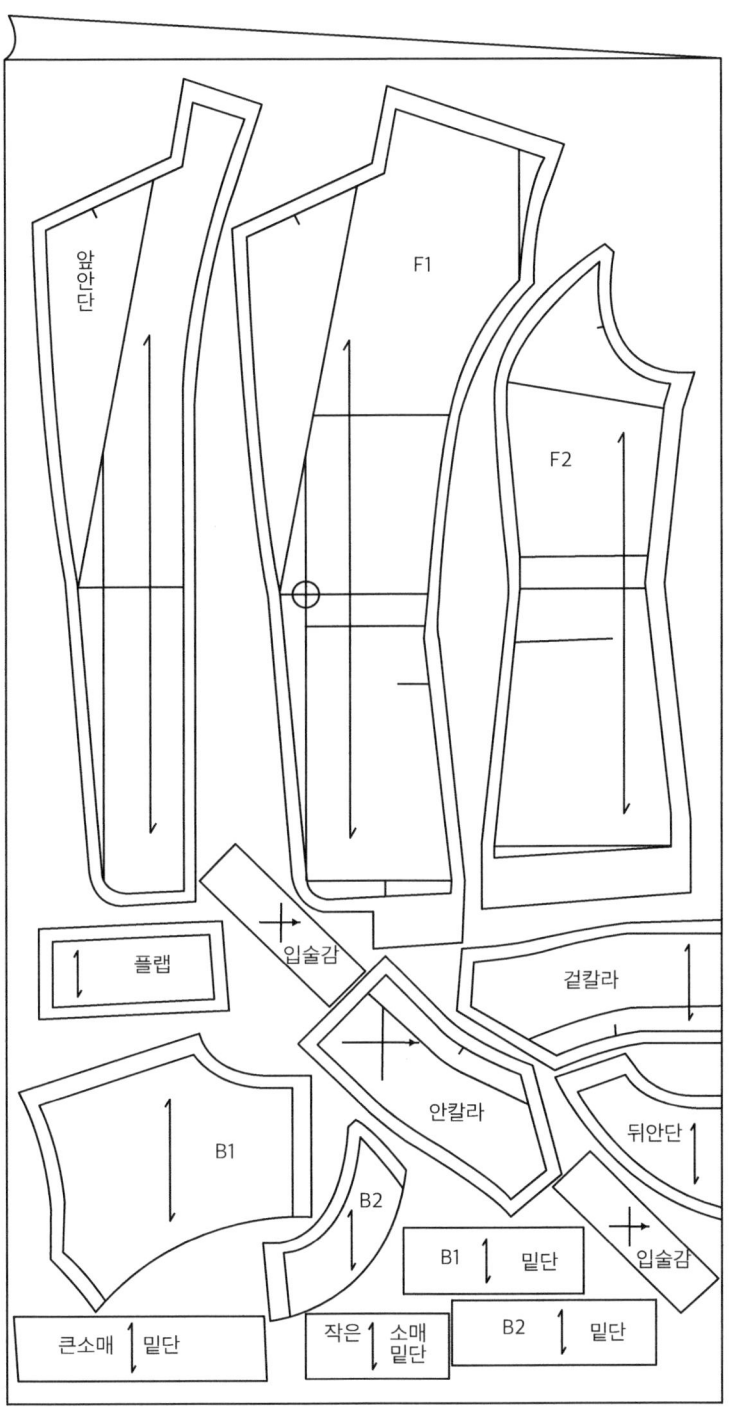

3. 테일러드 재킷 봉제

A. 재단

(1) 겉감 재단 및 심지 부착

재킷 앞판, 뒷판, 소매, 앞·뒤안단, 칼라, 입술감, 마중감을 식서방향에 맞춰 재단한다. 심지를 부착하고 실표뜨기와 초크를 이용해 완성선을 표시한다.

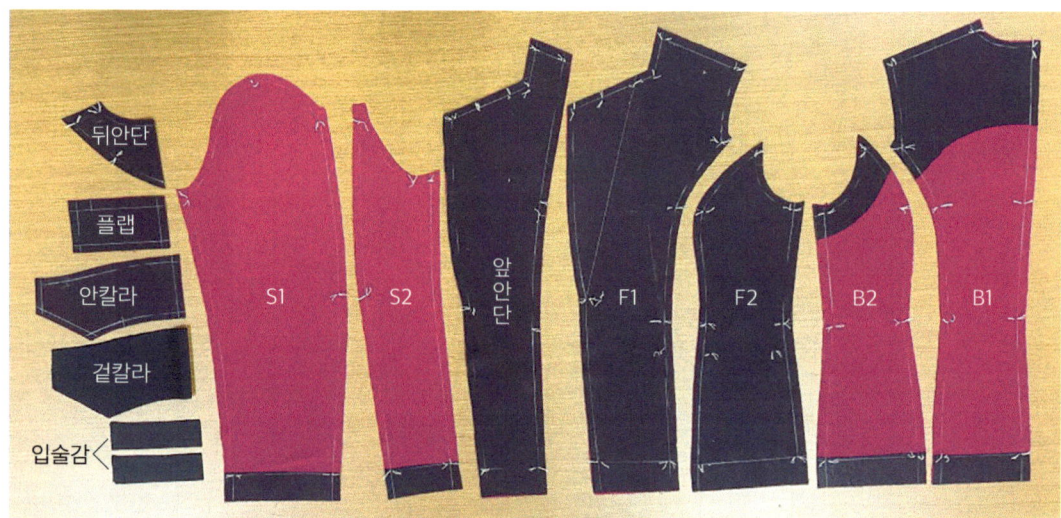

(2) 안감 재단

앞판, 뒷판, 소매, 주머니감을 재단하고, 완성선을 표시한다.

(3) 라인테이프

형태 안정성과 늘어남 방지를 위해 테이핑 처리를 한다.

▶ 재킷의 부위별 테이프 종류

① 라펠: 식서테이프

② 앞여밈 하단: 바이어스테이프 및 식서테이프

③ 어깨: 식서테이프 및 바이어스테이프

④ 진동 위쪽: 식서테이프 및 바이어스테이프/ 진동 아래쪽: 바이어스테이프

⑤ 뒷목: 식서테이프

⑥ 안칼라: 식서테이프

B. 겉감 봉제

1) 프린세스라인 봉제하기

앞판 중심쪽 겉과 옆선쪽 겉을 마주대고 프린세스라인을 봉제한다.

2) 가름솔 다림질하기

프린세스라인을 봉제 후, 가슴부분이 봉긋해지므로 다리미판을 이용해 다림질 한다.

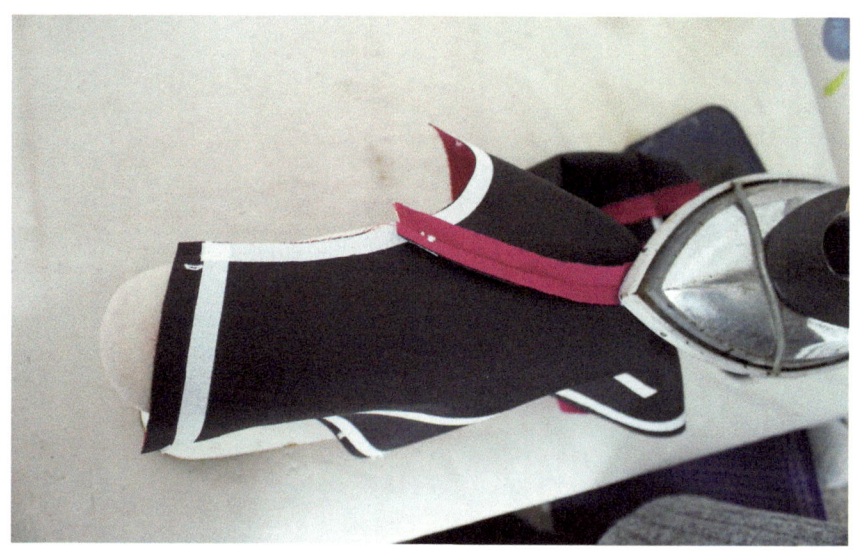

• 다림질 후 앞판 겉에서 본 모습

3) 플랩포켓 만들기

(1) 플랩만들기

스마트폰으로 QR코드 스캔

⬇

『플랩포켓 만들기』 동영상 시청

① 윗선을 제외한 나머지 완성선을 박고, 시접을 0.5cm남기고 자른다.
② 시접을 겉감쪽으로 꺾어 다린다.
③ 뒤집어 다린다.

(2) 입술감만들기

입술감을 반 접어 다리고, 접힌면에서 0.5cm 간격으로 완성선을 그려놓는다.

(3) 플랩 겉쪽에 입술감 올려서 박아놓기

플랩위에 입술감을 올려 그려놓은 완성선을 봉제한다.

(4) 주머니 위치 표시

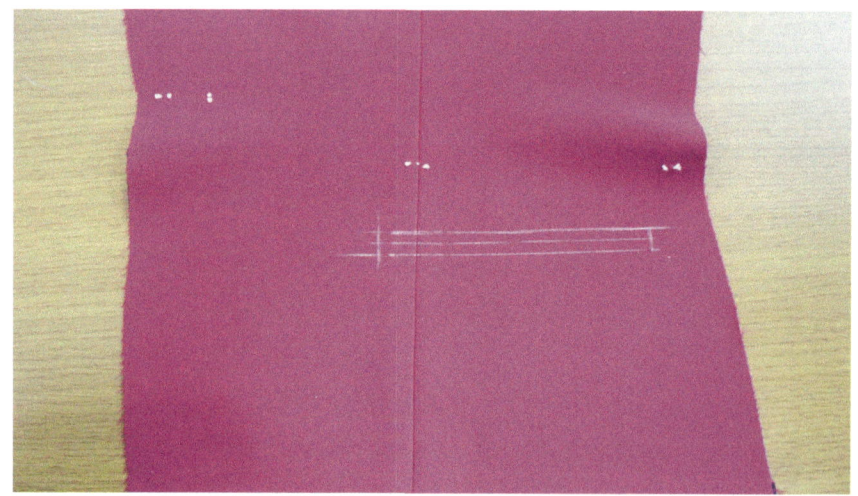

(5) 윗입술 달기

① 플랩의 안쪽이 보이게 뒤집고 완성선을 맞춰 고정한다.

② (3)에서 봉세한 선을 따라 플랩부분만 한번 더 박는다.

(6) 아래입술 달기

겉감 주머니위치 표시한 아래선에 입술감을 올려(접힌면이 아래쪽) 완성선을 박아준다.

▶ 앞판 안쪽에서 입술 위와 아랫선 박음질을 확인할 수 있다.

(7) 주머니 입구 절개

안쪽에서 완성선 사이를 가로로 자르고 양쪽 끝은 사선으로 (>——<) 형태로 자르기

(8) 삼각시접 박기

시접을 안으로 다 밀어 넣고 양쪽 삼각시접을 박는다.

〈앞판 겉에서 본 모습〉

(9) 주머니감 연결

아랫입술에 주머니감을 올려 박는다.

(10) 마중감 연결

① 주머니감 연결 후 마중감을 올려 고정한다.

② 마중감과 플랩감 위쪽 시접을 박는다.

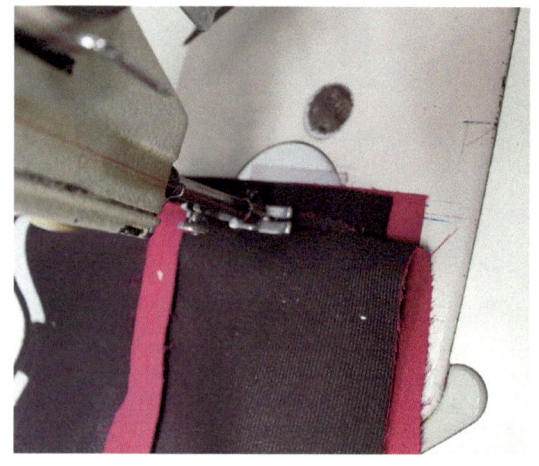

③ 주머니감 윗선을 제외한 나머지 세 면을 봉제한다.

4) 뒤중심선 박고 가름솔로 다림질한다.

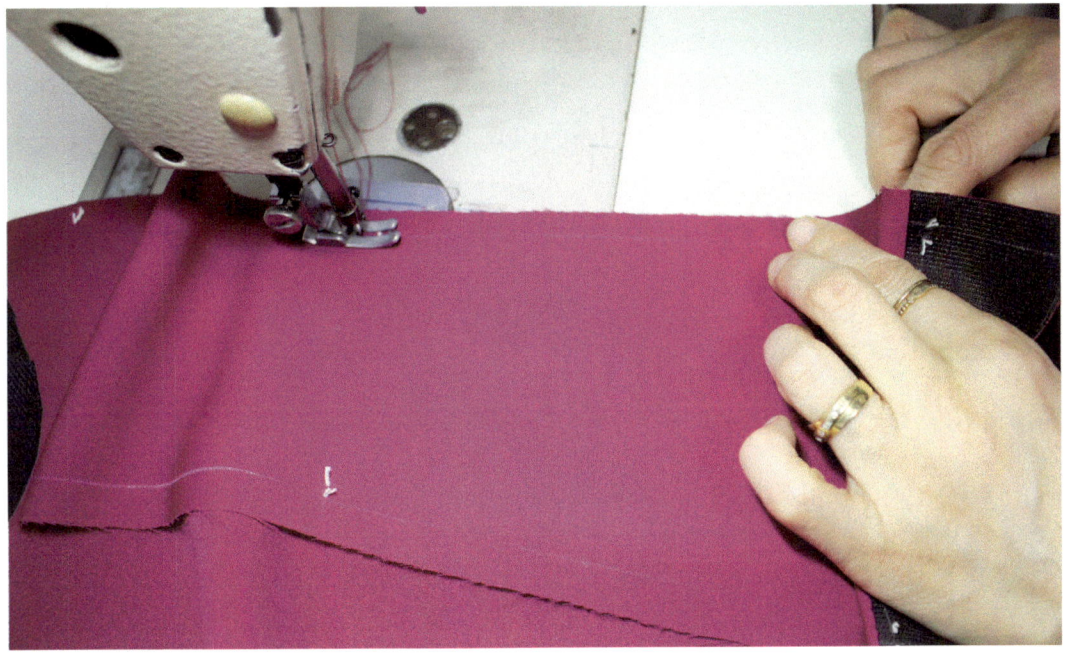

5) 프린세스라인 봉제 후 가름솔로 다림질한다.

6) 앞뒤판 연결

① 어깨선을 박는다.

② 옆선을 박는다.

③ 어깨선, 옆선 가름솔로 다림질한다.

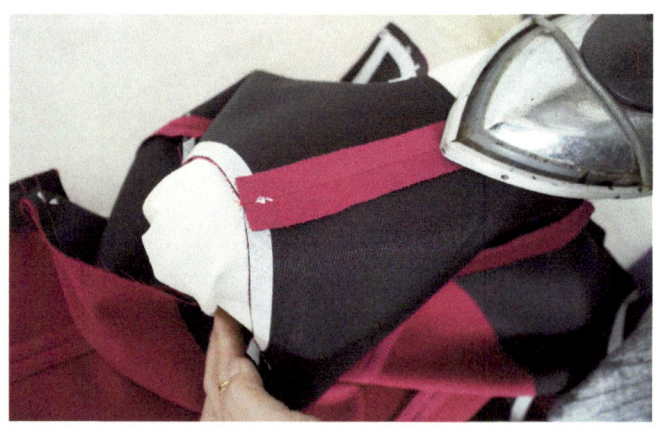

* 앞뒤판 연결된 모습

④ 몸판 밑단 완성선을 접어 다림질 한다.

7) 소매 연결

① 큰소매, 작은 소매를 봉제한다.

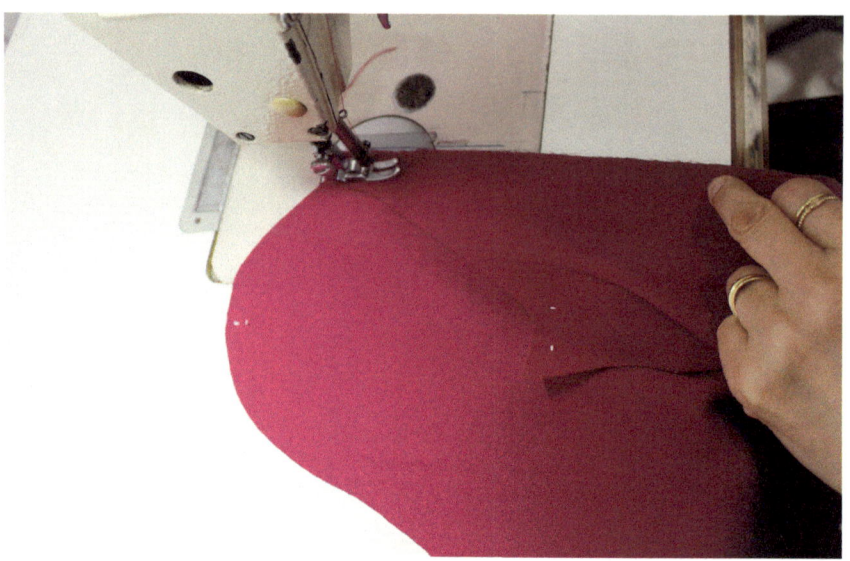

② 밑단을 접어 다린 후 남은 솔기선도 박아준다.

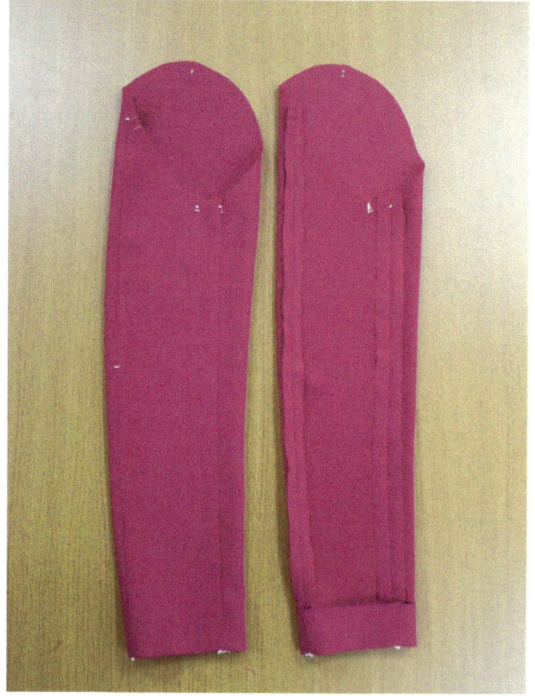

③ 소매 시접쪽에 큰땀(땀수조절기 4~5)으로 2줄을 박는다. 되돌아 박기는 하지 않는다.

④ 안쪽에서 실 2줄을 잡고 조심스럽게 당겨 몸판 진동둘레에 맞춰 오그린다.

⑤ 다리미판에 올려 주름을 다림질하면, 주름이 자리잡혀 봉제하기가 수월해진다.

⑥ 소매를 몸판에 핀으로 고정 후 봉제하지만, 초보자들은 시침질로 소매를 몸판에 고정한 후 봉제하는 것이 좋다.

⑦ 소매쪽에서 완성선 박기

겨드랑쪽에서부터 박기 시작하고 처음과 끝은 되돌아 박기보다는 처음과 끝을 겹쳐지게 박는 것이 좋다.

⑧ 소매달기 완성:소매중심 너치와 어깨선이 잘 만나는지 확인

C. 안감·안단 봉제

(1) 뒤판 안감 연결
뒤중심은 여유를 살려 박아준다.

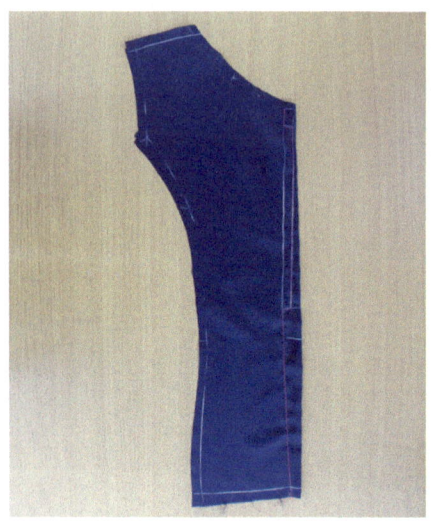
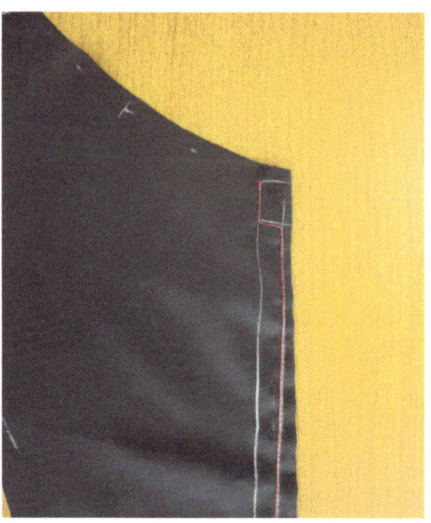

(2) 프린세스라인 봉제
프린세스라인 봉제 후 시접은 옆선쪽으로, 뒤중심선 시접은 오른쪽으로 뉘여 다린다.

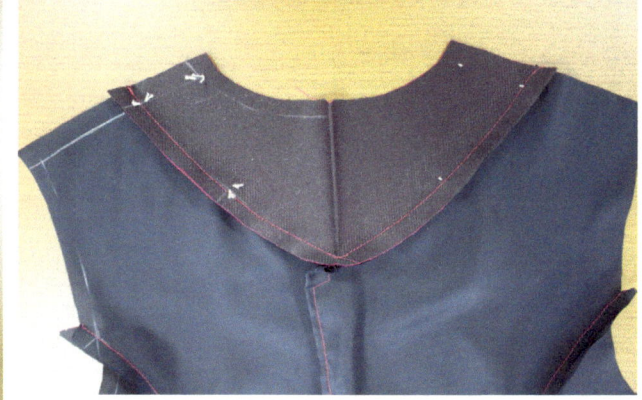

(3) 앞안단과 안감 봉제

안감 끝 약4~5cm를 제외한 나머지를 안단과 박아 연결한다.

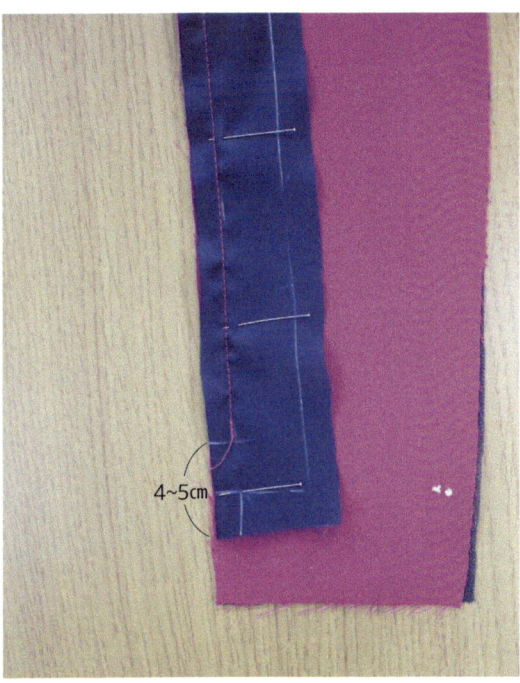

(4) 앞판 안감 프린세스라인 봉제

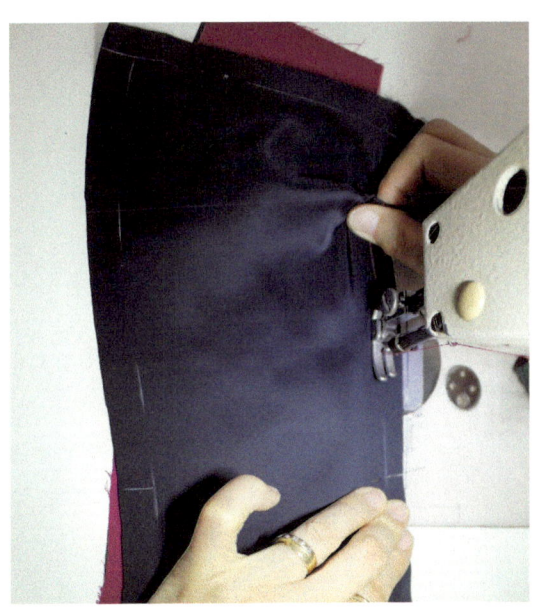
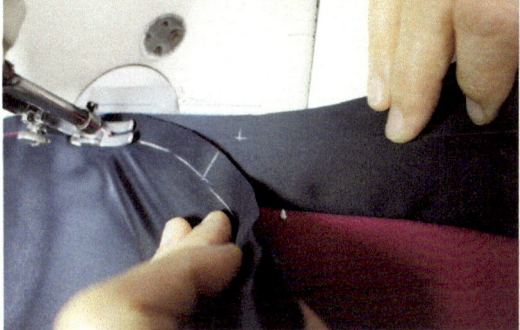

(5) 안감 어깨선과 옆선 연결

(6) 안감 소매 박기

안감 큰 소매와 작은 소매를 박고 시접은 큰 소매 쪽으로 다린다. 안쪽 솔기선도 박고 작은 소매 쪽으로 시접을 다림질 한다.

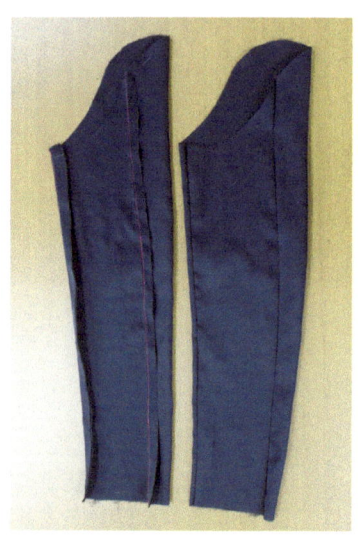

(7) 소매산 오그림

소매산 시접을 가장 큰땀으로 2줄로 박고 실을 당겨 몸판 진동둘레에 맞게 오그린다.

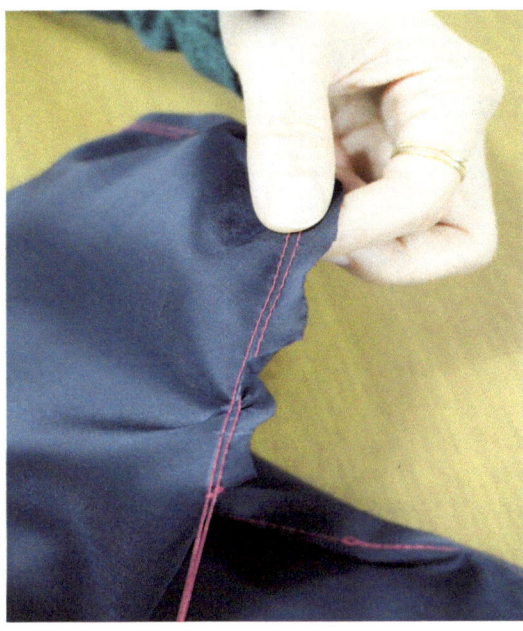

(8) 안감 소매와 몸판 연결

소매와 몸판의 노치점을 맞춰 핀으로 고정하고, 소매 안쪽 안솔기선 근처에서 봉제를 시작한다.

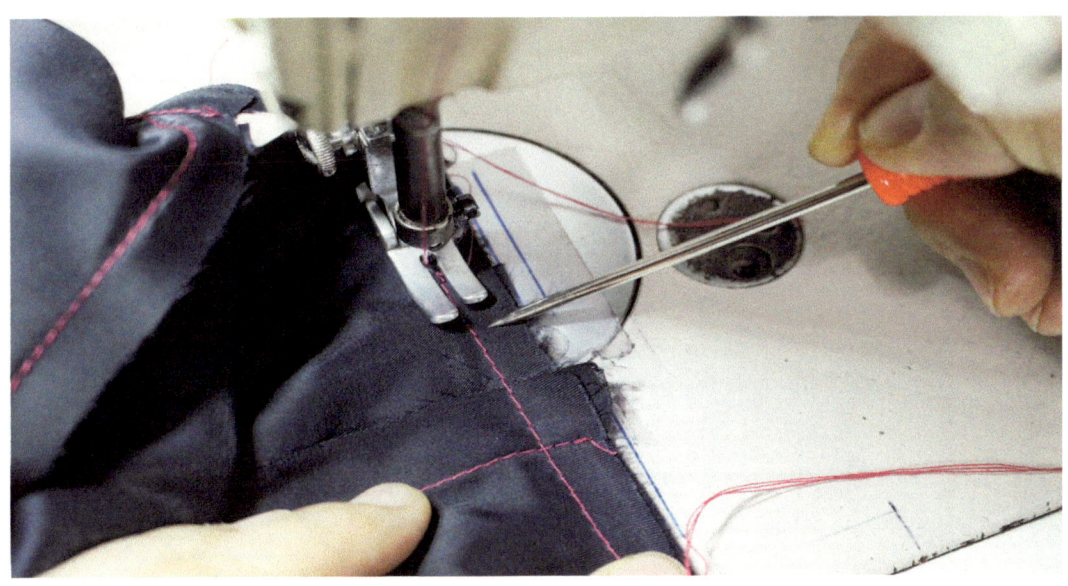

초보자를 위한 여성복 제작 2

D. 칼라 만들기

스마트폰으로 QR코드 스캔
↓
『칼라 만들기』 동영상 시청

① 안칼라 중심선 박기

안칼라 중심선을 박고 가름솔로 다림질 한다.

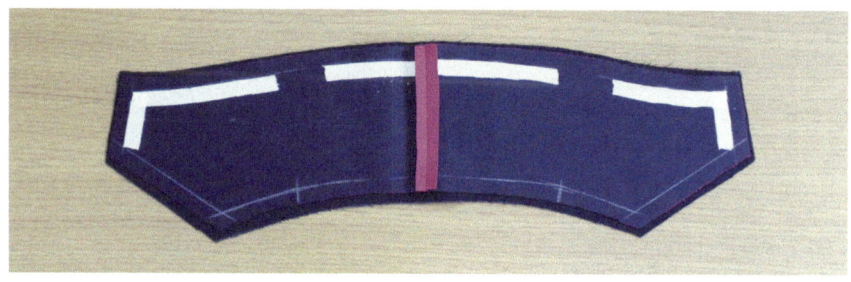

② 겉칼라, 안칼라 박기

칼라를 안칼라 쪽으로 말아가며 박아야 겉칼라에 이즈(ease)가 생겨 칼라를 뒤집었을 때 안칼라가 겉칼라 쪽으로 밀려나오지 않는다.

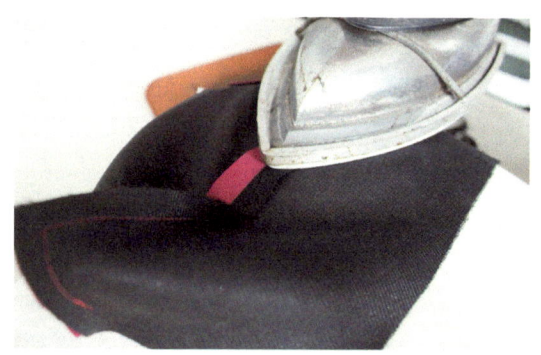 

*겉칼라 쪽에서 보면 약간의 여유가 생긴 것을 확인할 수 있다.

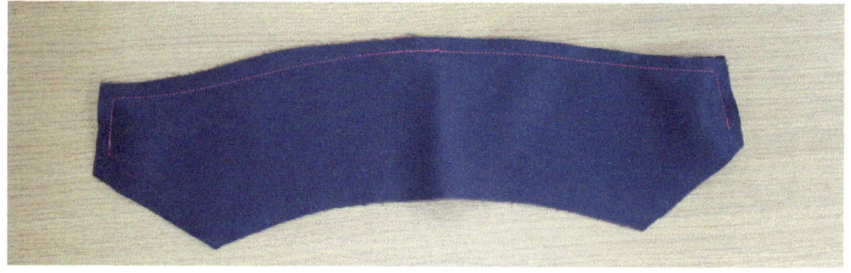

③ 칼라를 뒤집기 전에 시접을 갈라 다린다.

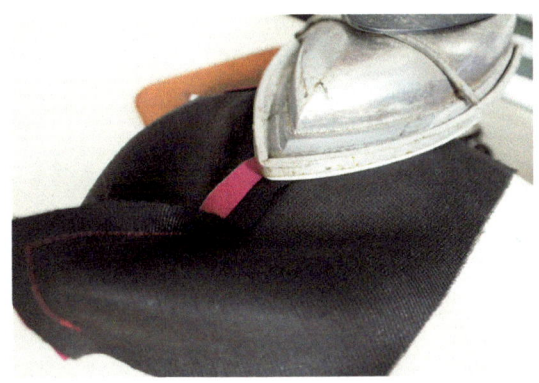
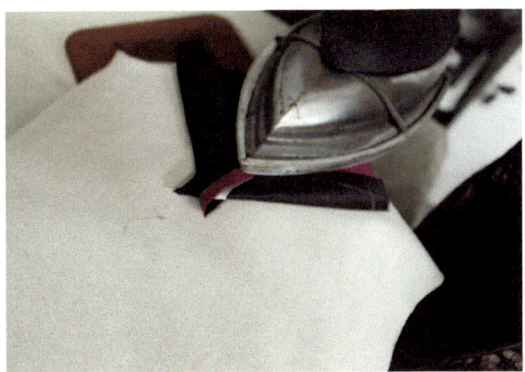

④ 시접을 0.5cm정도 남기고 자르고 코너시접은 사선으로 잘라준다. 칼라를 뒤집어 시침실 2줄로 코너쪽을 한땀 떠서 당겨 모양을 예쁘게 만들어 준다.

⑤ 안칼라가 겉으로 넘어가지 않게 다림질로 눌러주고, 양쪽 칼라 길이가 잘 맞는지 확인한다.

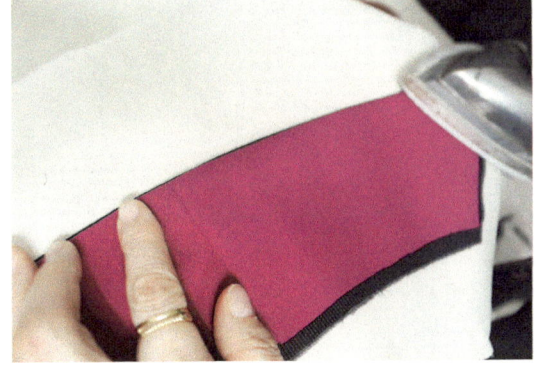

⑥ 겉칼라, 안칼라 안쪽에 완성선, 옆목점(S.N.P), 뒤목점(B.N.P)를 표시한다.

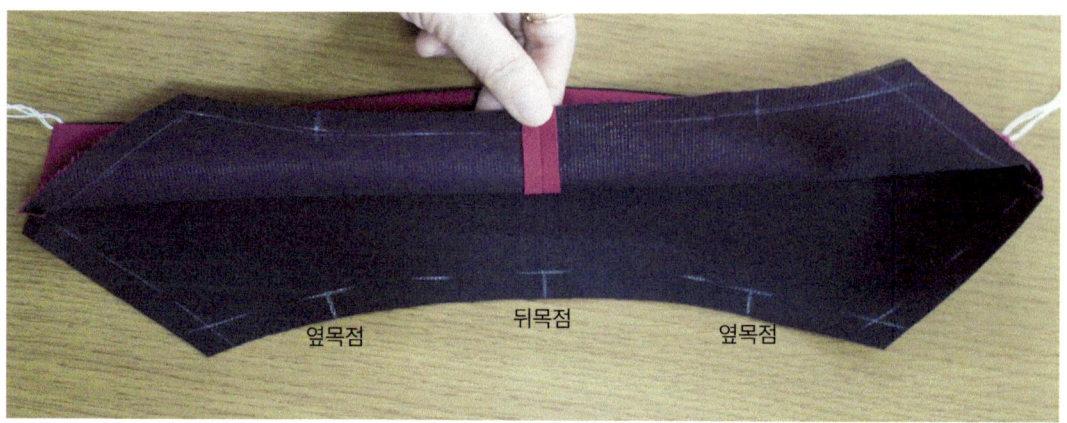

옆목점　　뒤목점　　옆목점

E. 겉감, 안감 연결

① 겉감과 안감을 겉면끼리 맞대어 꺾임선과 고지선, 라펠 아래쪽을 핀으로 고정한다.

② 라펠은 안단을 겉감쪽으로 꺾어 완성선을 핀으로 고정한다.

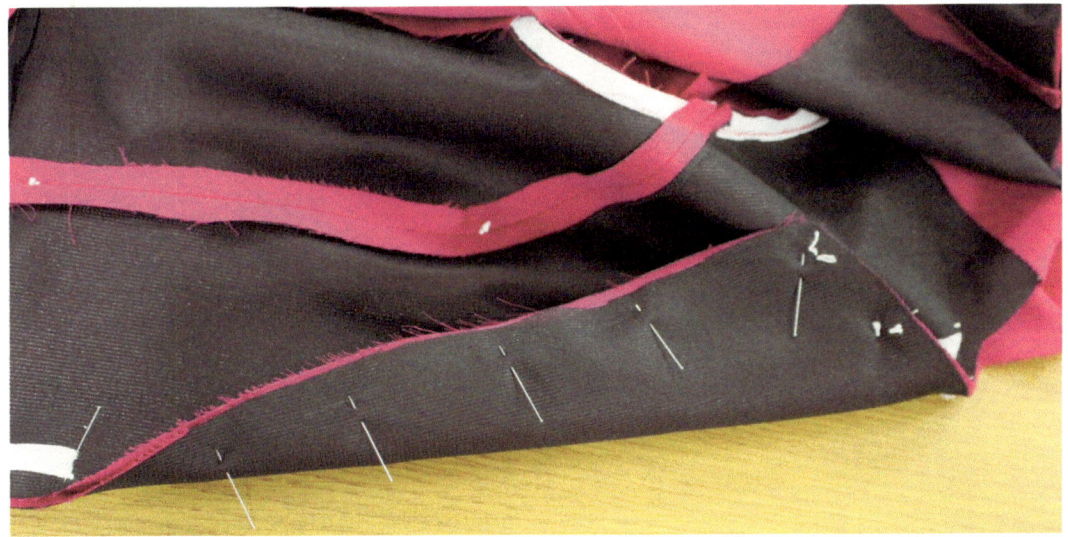

③ 칼라가 달리는 위치에서부터 앞안단 완성선까지 봉제한다.

④ 안단과 겉칼라의 양쪽 고지선을 먼저 박는다. 시작위치를 정확하게 맞추고 밀리지 않게 송곳으로 눌러준다.

⑤ 고지선을 박은 후, 꺾어지는 시접에서 완성선을 향해 가윗밥을 주고 나머지 남은 부분은 한번에 봉제한다.

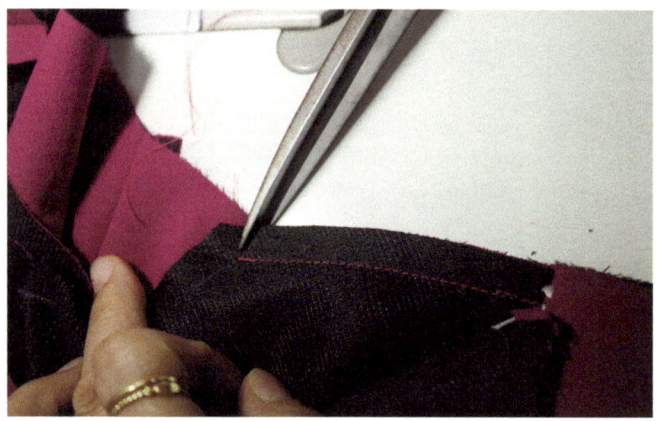

⑥ 겉칼라 봉제 후 안칼라와 겉감을 같은 방법으로 맞추어 박는다.

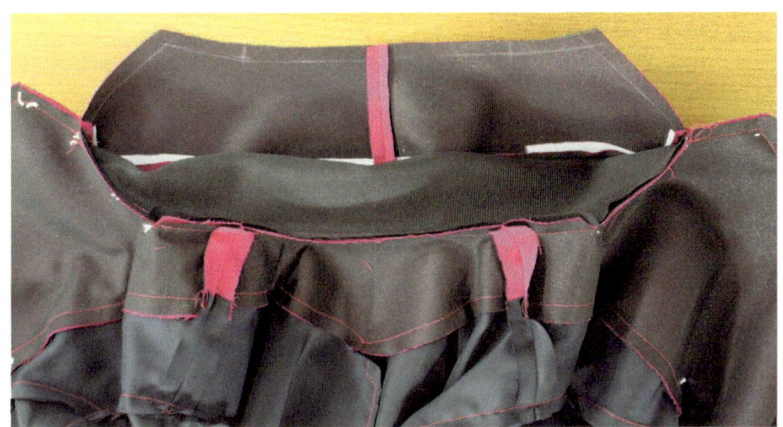

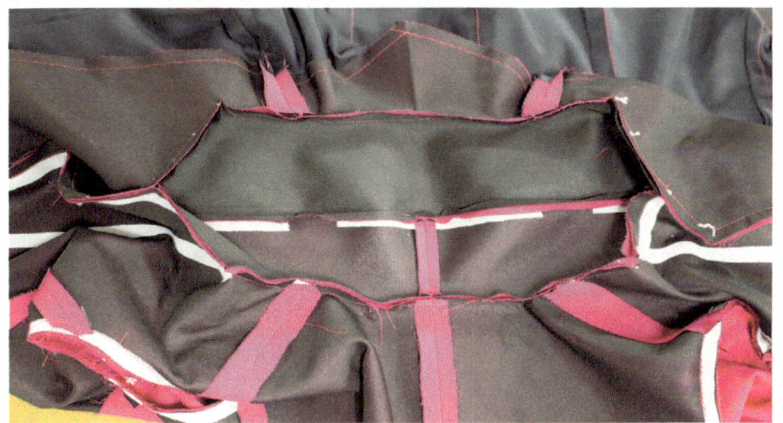

⑦ 라펠에서 안단 완성선까지 겉감과 안단 시접을 갈라 다림질 한다.

⑧ 겉칼라와 안단, 안칼라와 겉감 시접도 갈라 다림질한다. 이때 옆목쪽으로 이어지는 몸판 시접은 가윗밥을 주어 시접이 뜨지않게 한다.

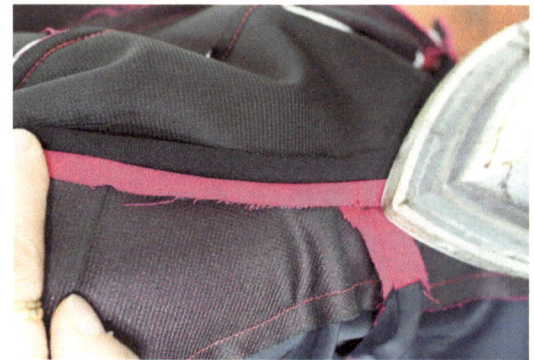

⑨ 직선시접은 0.5cm, 곡선시접은 0.3cm 남기고 시접을 자른다. 칼라가 시작되는 위치의 불필요한 시접은 사선으로 잘라 두꺼워지지 않게 한다.

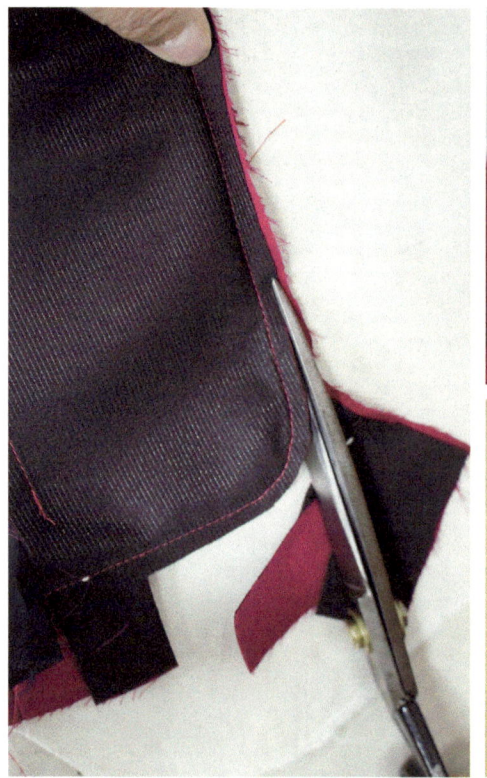

▲ 시접정리가 끝난 상태

⑩ 라펠 시접끝을 접은 상태로 그대로 뒤집고 시침실로 라펠 끝은 한땀 떠서 당겨 자연스럽게 모양을 만든다.

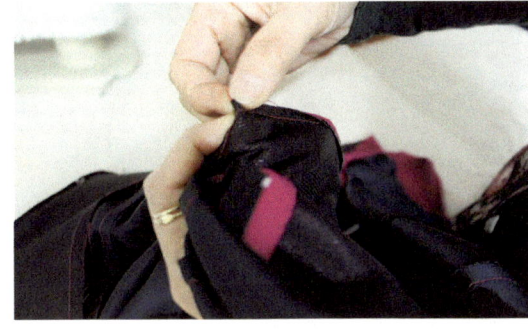
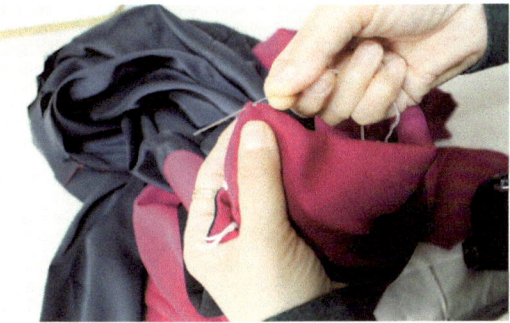

⑪ 칼라 시작되는 시접이 접히지 않게 하고 겉에서 핀으로 고정한다.

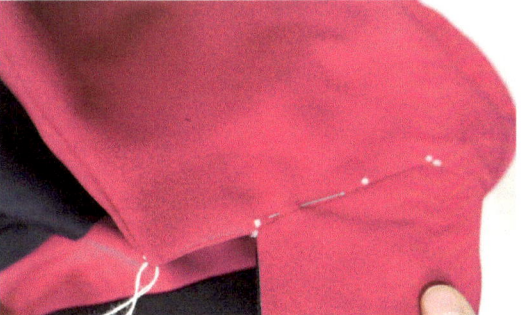

⑫ 겉쪽에서 라펠을 다릴 때, 안단쪽 시접이 0.1cm정도 보이게 다린다.

⑬ 안단쪽에서 모양을 확인하고, 칼라 시작 부위의 시접을 가위 손잡이 부분으로 두드려 도드라지지 않게 해준다.

⑭ 안단 밑단을 송곳으로 모양을 잡아가며 다리고, 라펠 꺾임선 전까지 겉감의 시접이 0.1cm 보이게 다림질한다.

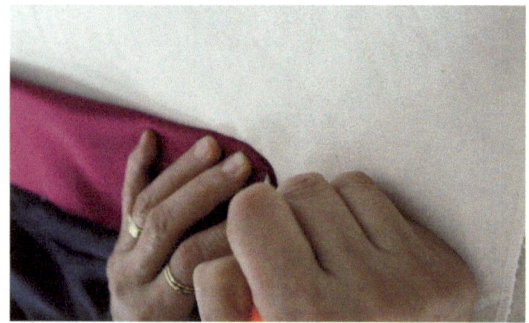
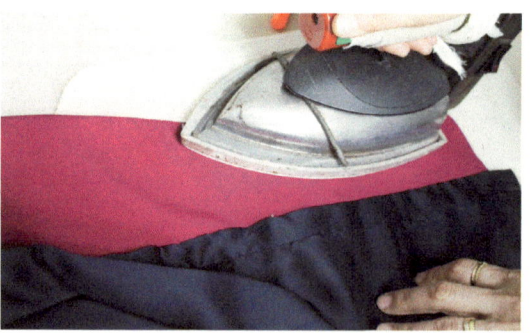

F. 태킹(tacking)

태킹은 겉감과 안감을 합복 후 형태 안정감을 살리기 위해 겉감과 안감 사이를 시침하거나 실루프(실기둥)을 만들거나, 원단 등을 이용해 연결해 주는 작업이다. 주로 칼라, 어깨, 겨드랑점 부위, 소매밑단, 몸판 밑단, 안단 솔기 안쪽에 고정하는 작업이다.

① 겉칼라 아래쪽을 시침핀을 꽂거나 시침질로 고정한다.

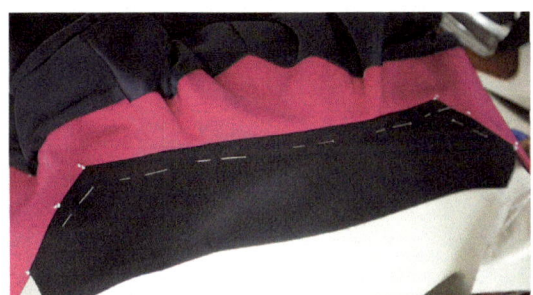

② 칼라와 연결된 겉감과 안감의 목둘레 시접을 맞대고 시침질로 고정한다.

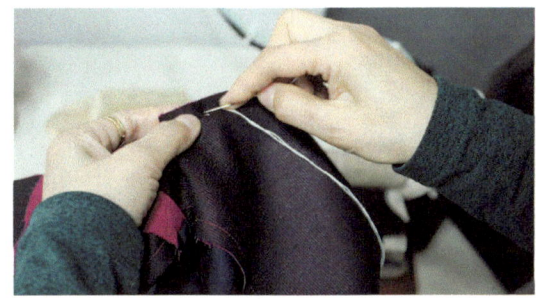

③ 어깨 패드를 사진과 같이 뒤집어 패드 중심과 어깨 끝점을 맞춰 핀으로 고정한다.

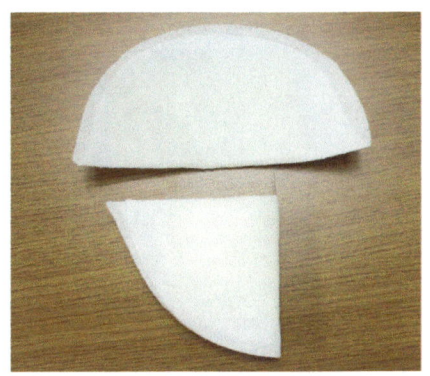

④ 암홀 시접에 시침질하여 어깨 패드를 고정하고, 겉에서 패드의 위치를 확인 후 시침핀으로 목선 쪽을 고정해준다. 다시 안쪽에서 핀으로 고정한 아래쪽을 실로 2-3땀 떠서 고정한다.

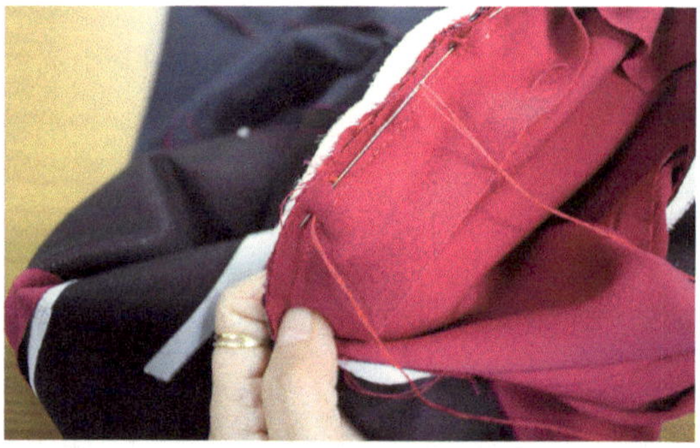

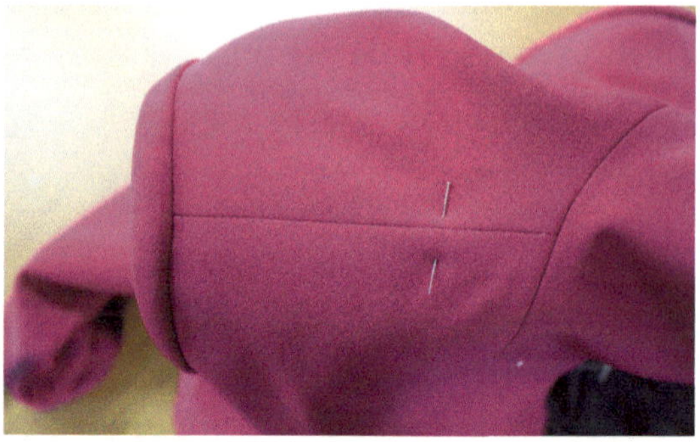

⑤ 겉감시접에 2cm 정도의 실루프(실기둥)를 만들어 안감과 고정한다.

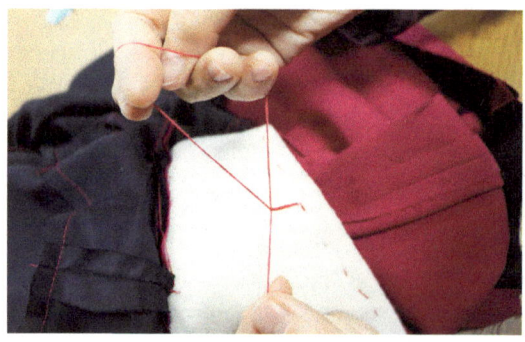
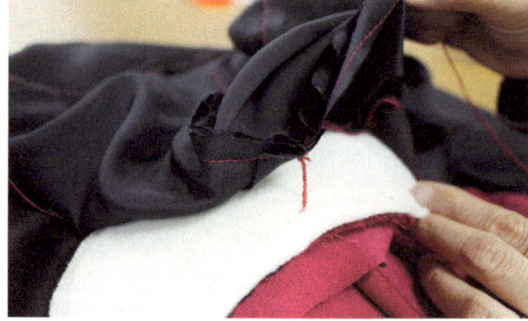

⑥ 겨드랑 부위도 실기둥을 만들거나 성글게 2~3번 떠서 고정한다.

⑦ 겉에서 안단 라인을 따라 시침질을 하고 안에서 새발뜨기 또는 속뜨기로 고정한다.

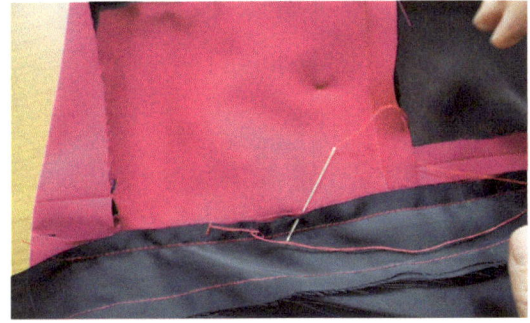

〈안단을 겉감에 새발뜨기로 고정한 모습〉

G. 밑단박기

① 소매밑단 시접을 접은 위로 안감을 덮고, 소매가 꼬이지 않게 핀으로 고정한다.

② 소매 밑단 완성선을 박아준다.

③ 몸판 밑단도 창구멍을 남기고 박는다.

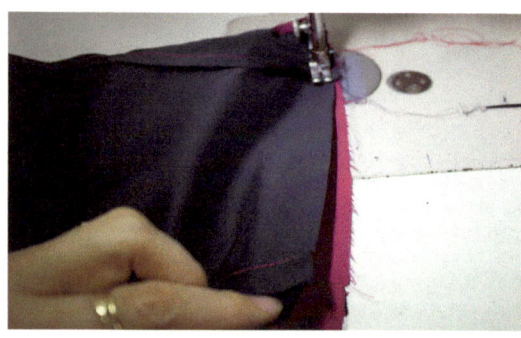

H. 태킹(tacking)

① 겉에서 소매밑단과 몸판밑단의 솔기선을 시침질로 고정한다.

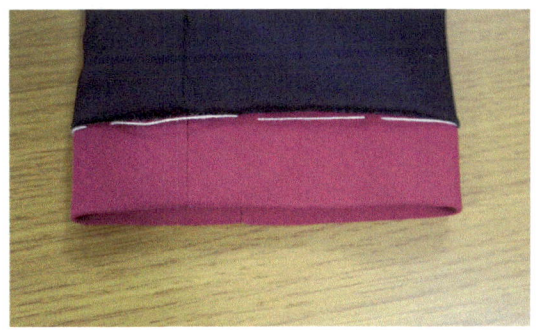

② 안쪽에서 시침질로 소매 밑단과 몸판 밑단의 시접을 고정한다.

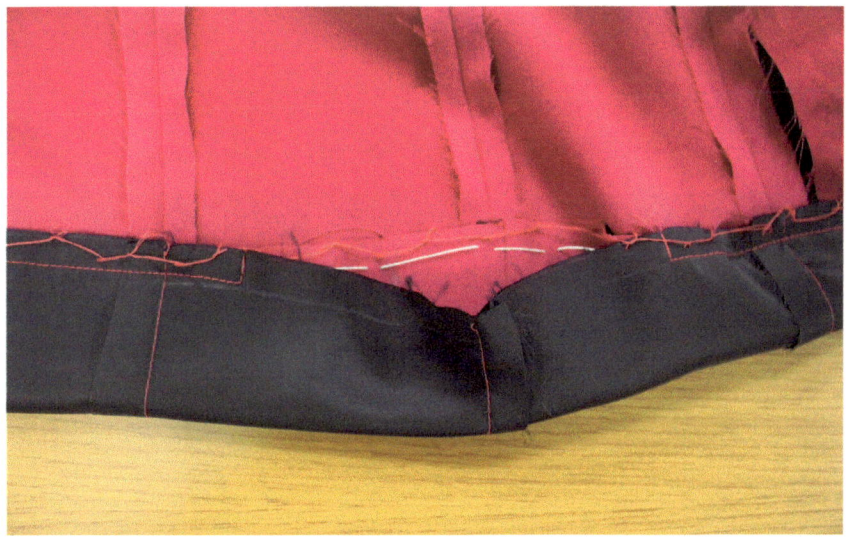

1. 마무리 손바느질

① 밑단에 안단시접을 휘감치기로 밑단 시접에 고정한다. 안감은 감침질로 막아준다.

② 밑단 창구멍은 속감침질 또는 새발뜨기로 막아준다.

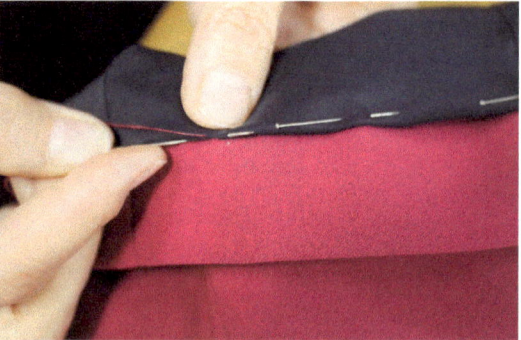

Part 3. 테일러드 재킷(Tailored jacket)

J. 단추구멍 만들기 / 단추달기

① 판 오른쪽에 단추구멍 위치를 표시하고 좁은 땀수로 위,아래 두줄을 박는다.

② 단추구멍 사이를 자른다. 앞중심쪽은 동그랗게 잘라준다.

③ 외곽선 따라 실로 연결하고 버튼홀 스티치로 단추구멍을 만든다.

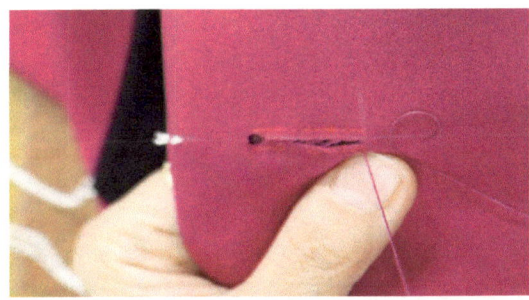 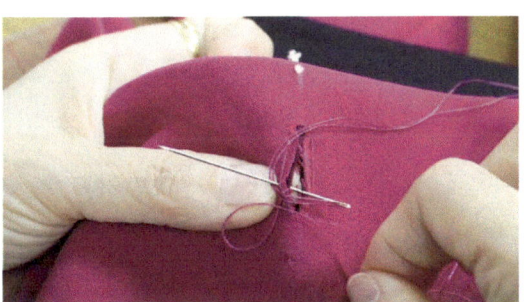

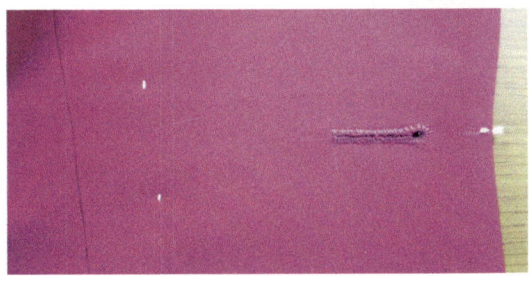

스마트폰으로 QR코드 스캔
↓
『단추구멍 만들기』 동영상 시청

완성 작품

PART
4

✂

초보자를 위한 여성복 제작

원피스

1. 랩 원피스 패턴 제도
2. 랩 원피스 재단
3. 랩 원피스 봉제

1. 랩 원피스 패턴 제도

1) 랩 원피스 도식화

① 끈으로 여미는 랩 스타일로, 세미 플레어 원피스이다.

② 앞판은 웨이스트 다트와 숄더 플리츠, 뒤판은 웨이스트 다트가 있다.

③ 소매는 위, 아래 모두 4개의 주름으로 페미닌 스타일이다.

2) 랩 원피스 치수

치수 항목	인체 치수	재킷 완성치수	비고
가슴둘레	84	94	여유량 10cm
허리둘레	66	70	여유량 4cm
등길이	38		
유장	24		
유폭	18		
원피스 길이		105	
소매 길이		21	
소매부리(밑단둘레)		26	

3) 랩 원피스 부위별 명칭

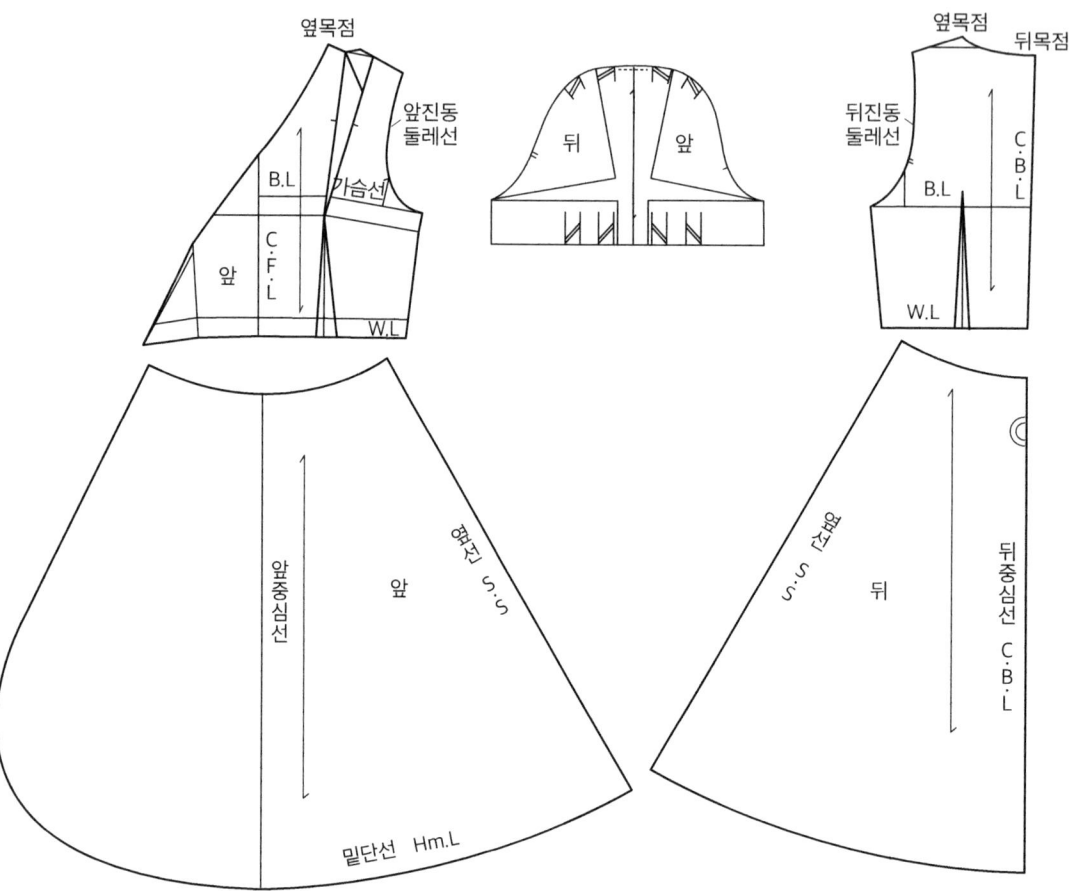

명칭	약자	명칭	약자
앞중심선(Center front Line)	C.F.L	앞진동둘레선(Front Arm Hole Line)	F.A.H.L
뒤중심선(Center back Line)	C.B.L	뒤진동둘레선(Back Arm Hole Line)	B.A.H.L
뒷목점(Back Neck Point)	B.N.P	젖꼭지점(Bust Point)	B.P
옆목점(Side Neck Point)	S.N.P	옆선(Side Seam)	S.S
가슴둘레선(Bust Line)	B.L	소매중심선(Sleeve Center Line)	S.C.L
허리둘레선(Waist Line)	W.L	소매산높이(Sleeve Cap Height)	S.C.H
엉덩이둘레선(Hip Line)	H.L	소매폭선(Sleeve Biceps Line)	S.B.L
밑단선(Hem Line)	Hm.L	어깨끝점(Shoulder Point)	S.P

4) 원피스 패턴 제도

(1) 뒤판 제도

① 길원형 뒤판 옆목점에서 3cm, 뒤목점에서 1cm 내려 뒤목둘레 곡선을 그린다.

② 뒤중심쪽 허리선에서 1cm 들어온 점과 뒤목점에서 가슴선 1/2점을 곡선으로 연결한다.

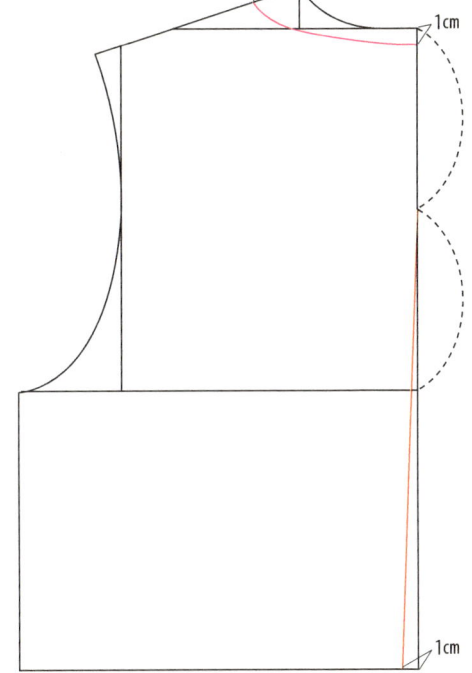

③ 어깨끝에서 2.5cm 들어온 점과 겨드랑이점에서 1.5cm 들어온 점을 암홀자를 이용해 곡선으로 그린다.

④ 옆선쪽 허리선에서 3cm 들어온 점과 겨드랑점을 직선으로 연결한다.

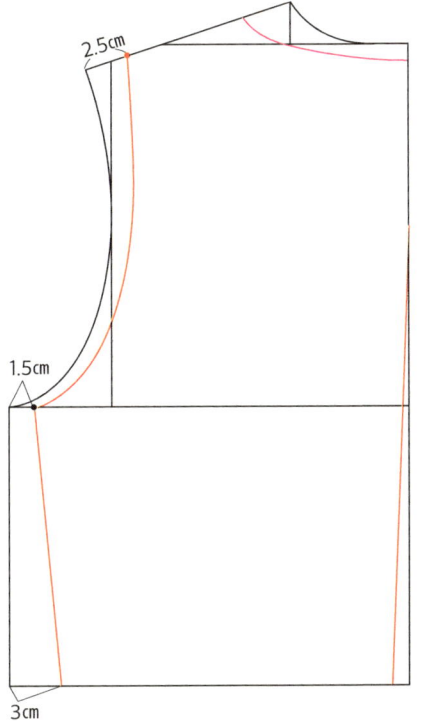

⑤ 허리선을 2등분한 후, 중심쪽으로 다트량 2cm 간 점을 표시하고, 다트의 중심을 표시한다.
⑥ 다트의 중심에서 위로 수직선을 가슴선에서 2cm 올린점까지 그린다.
⑦ 다트 끝에서 허리선까지 직선으로 연결하여, 다트량 2cm인 허리다트를 완성한다.

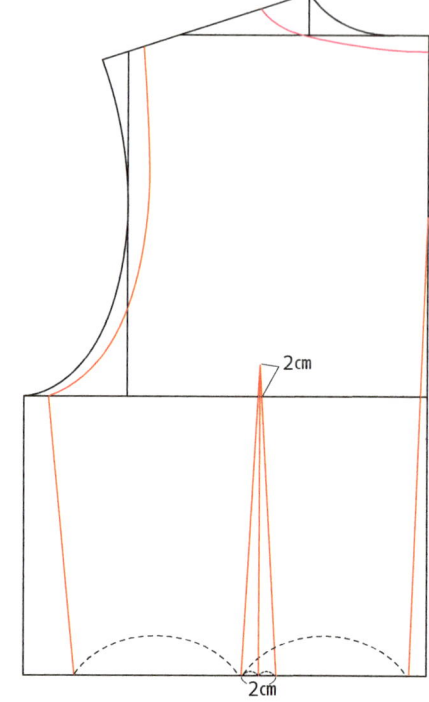

⑧ 뒤진동 맞춤표시와 식서방향을 표시하고 패턴의 부위별 명칭을 약자로 적어 뒤판 패턴을 완성한다.

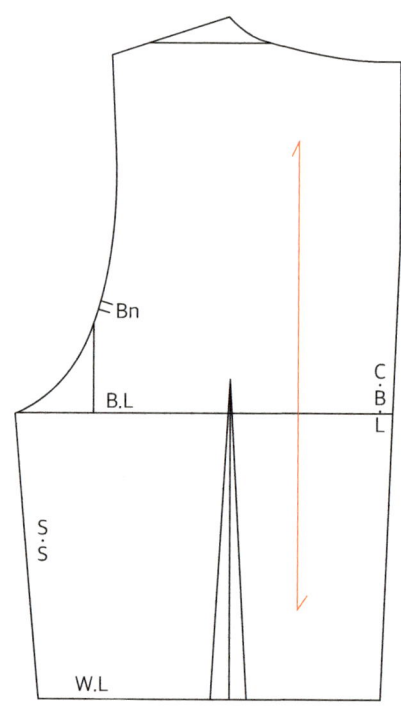

(2) 앞판제도

① 길원형 앞판 옆목점에서 3cm, 앞목점에서 9cm 내려 표시하고 두 점을 직선으로 연결한다.
② 직선의 1/2점에서 0.5cm 들어온점을 표시하고 곡자를 이용해 곡선으로 자연스럽게 연결한다.
③ 뒤판과 같이 어깨끝에서 2.5cm, 겨드랑이점에서 1.5cm 들어온 점을 암홀자를 이용해 자연스럽게 그린다.

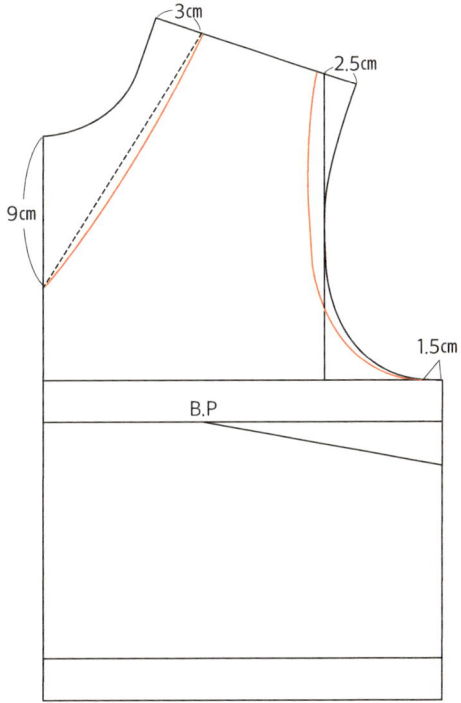

④ 허리선에서 3.5cm 들어온 점과 겨드랑이점에서 1.5cm 들어온 점을 직선으로 연결한다.
⑤ B.P점에서 허리선까지 수직선을 그린다.
⑥ 앞중심쪽으로 1cm, 옆선쪽으로는 1.5cm를 표시하고 B.P점까지 직선으로 연결한다.
⑦ 어깨선을 따라 2.5cm 내려온점과 B.P점을 직선으로 연결한다.

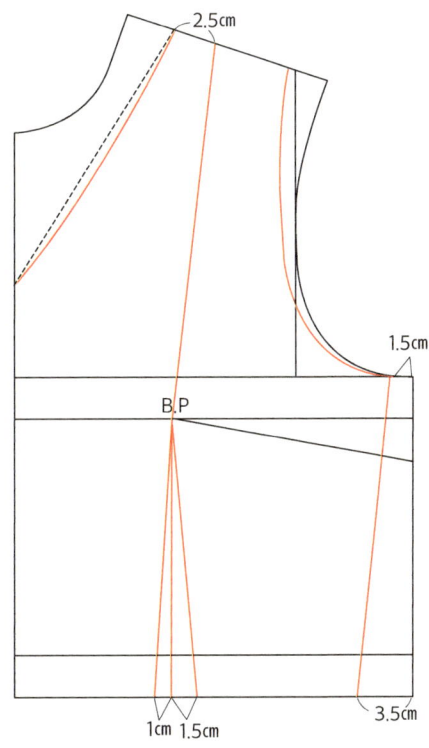

⑧ 앞중심 허리선에서 왼쪽으로 18cm 나간점을 표시한다.
⑨ 앞목점에서 9cm 내린점과 직선으로 연결한다.
⑩ 앞중심선에서 패턴지를 접어 오른쪽 패턴에 그려진 다트 위치를 실표뜨기 하거나, 룰렛과 먹지를 이용해 따라 그린다.

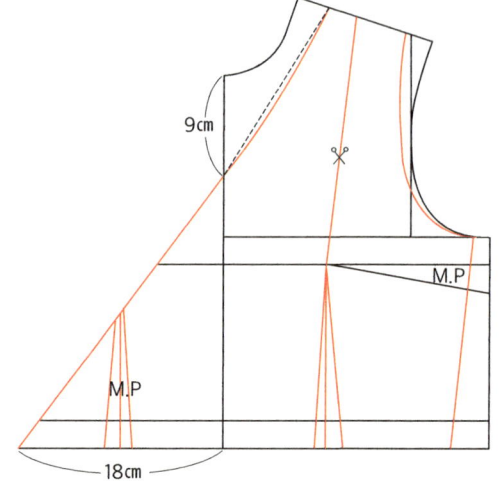

⑪ 어깨 절개선을 B.P점까지 자르고 가슴다트를 접은 후, 어깨쪽에 벌어진 선 양쪽으로 9cm 내려와 너치 표시와 주름기호를 그린다.
⑫ 왼쪽에 있는 허리다트는 접어 주고, 선을 자연스럽게 연결 한 후, 식서방향, 앞진동 맞춤표시와 패턴의 부위별 명칭을 약자로 적어 앞판 패턴을 완성한다.

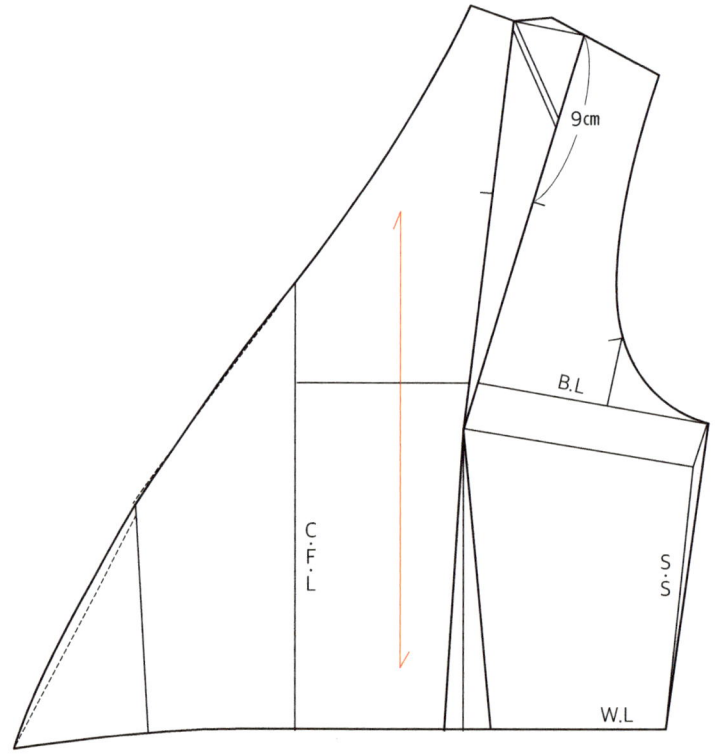

3) 뒤판 스커트 제도

① 스커트길이 67cm를 수직선으로 그린다.
② 직각으로 16.5cm(w/4) 왼쪽으로 이동하고, 위로 수직선 5cm를 그린다.
③ 곡자를 이용하여 허리선을 그린다.

④ 곡선상 w/4(16.5cm)를 표시하고 허리끝에서 직각으로 스커트 길이 67cm를 내려 그린다.
⑤ 뒤중심선과 옆선끝에서 직각으로 연장선을 그린다.
⑥ 허리선에서 교차점까지 연장선에 스커트 길이 67cm를 표시하고 자연스러운 곡선으로 스커트 밑단을 그린다.

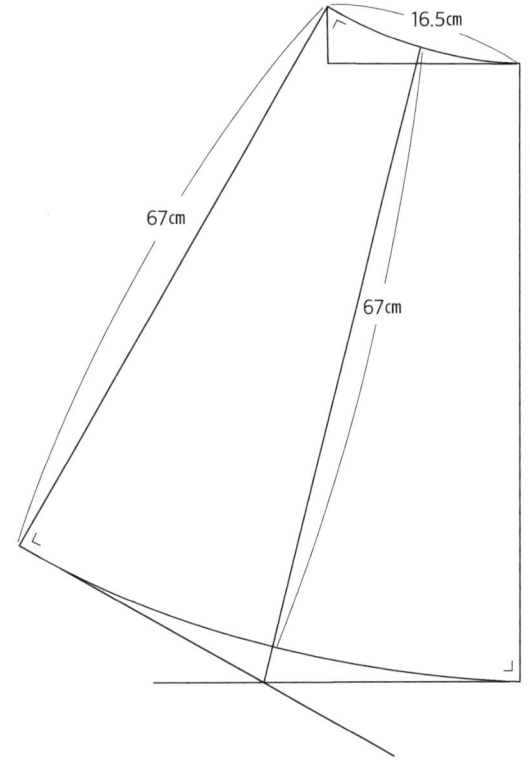

⑦ 완성된 뒤판 스커트 패턴에 식서방향을 표시한다.

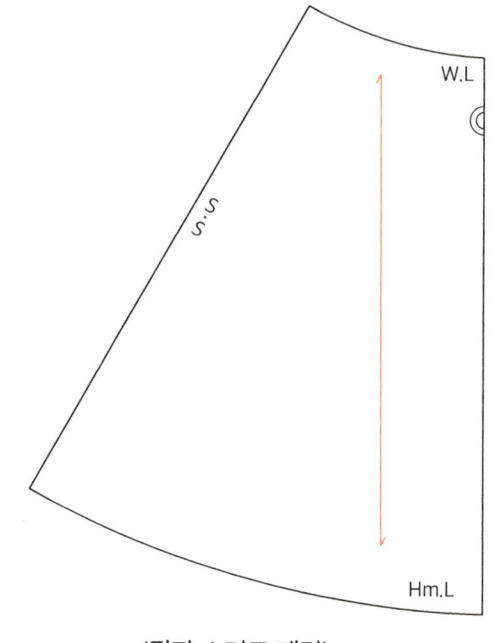

〈뒤판 스커트 패턴〉

4) 앞판 스커트 패턴 제도

① 뒤판 패턴을 카피한다.
② 옆선쪽 허리선에서 2cm 들어온 점과 밑단에서 5cm 들어온 점을 직선으로 연결한다.
③ P에서 위로 30cm, 밑단 중심쪽으로 30cm, P에서 45° 방향으로 11.5cm 들어온 점(P′)을 표시한다.

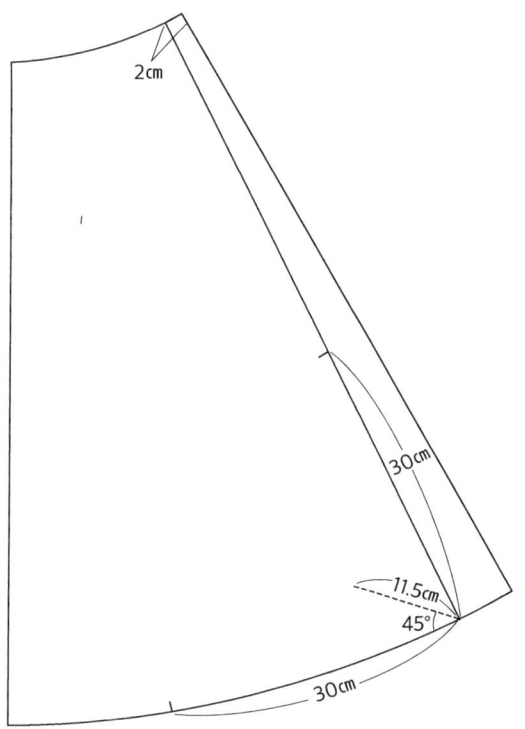

④ 위에서 표시한 3개의 점 A-P´-B를 곡선으로 자연스럽게 연결한다.
⑤ 앞중심선에서 종이를 반접어 허리선에서 점 A-P´-B를 지나 앞중심 밑단까지 룰렛으로 눌러 표시한다.

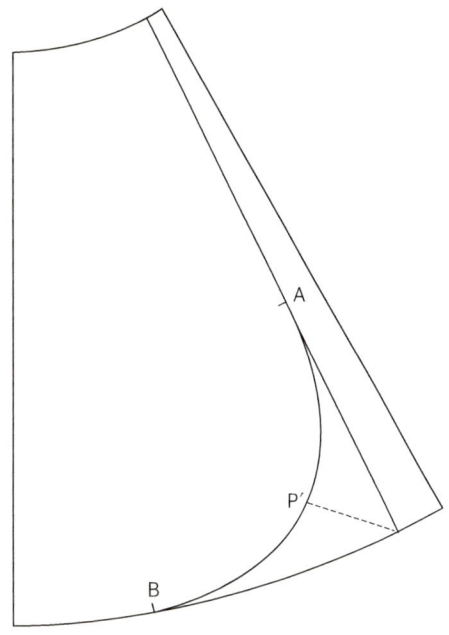

⑥ 종이를 펼쳐 식서방향을 표시한다.
⑦ 허리끈의 폭은 4cm이며 오른쪽 허리끈 길이는 58cm, 왼쪽 허리끈 길이는 85cm이다.

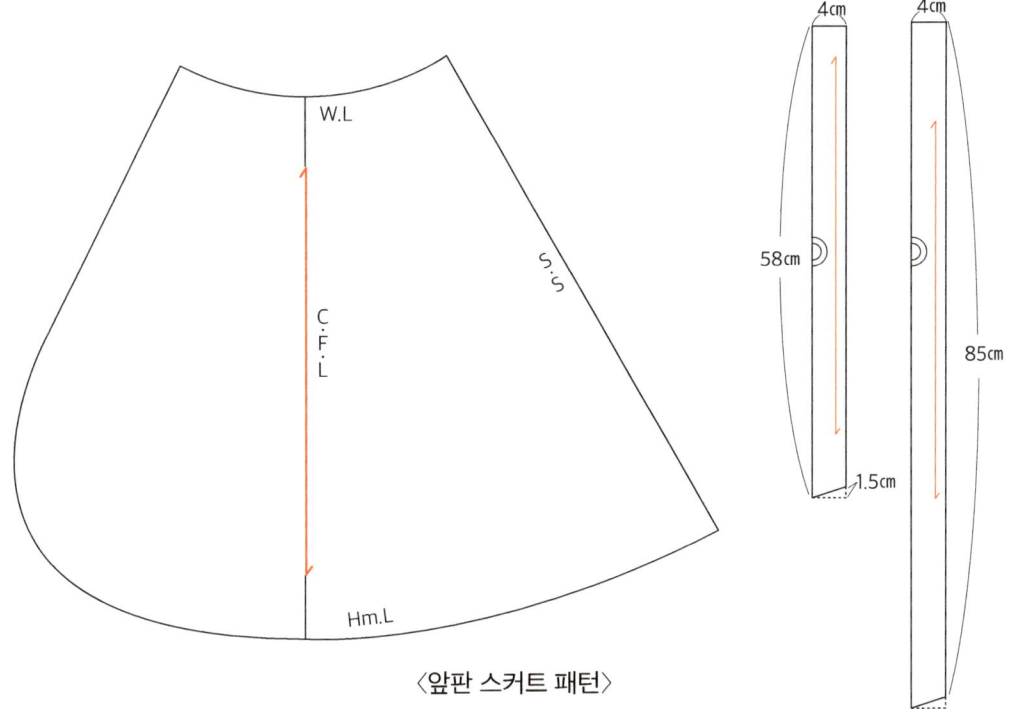

〈앞판 스커트 패턴〉

5) 소매 패턴 제도

① 소매길이 21cm만큼 수직선을 그린다.
② 소매산 높이 A.H/3을 표시한다.
③ 소매산 높이를 표시한 점과 밑단에서 좌우로 직각선을 약 20cm 이상의 길이로 그린다.
④ 1-2:앞진동둘레(F.A.H)-0.5cm,
   1-3:뒤진동둘레(B.A.H)-0.5cm를 표시한다.
⑤ 2와 3에서 수직선을 내린다.

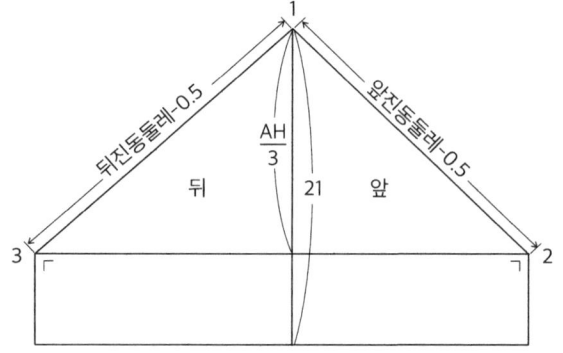

⑥ 4:1번에서 오른쪽 A.H/8cm,
   5:왼쪽 A.H/8-0.5cm를 표시한다.
⑦ 6:2번에서 A.H/8-0.5cm,
   7:3번에서 A.H/8-2cm만큼 표시하고,
⑧ 4와 6, 5와 7를 직선으로 연결한다.

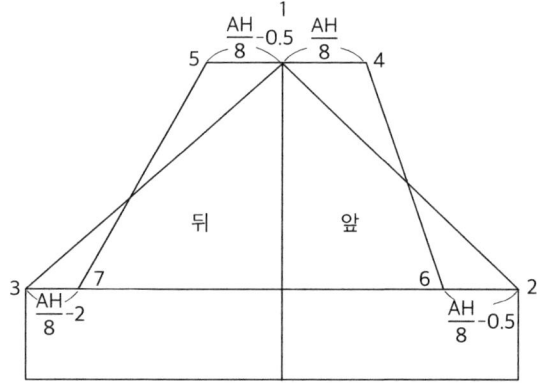

⑨ 소매 앞 1-2에서 4로 직각선을 그리고 이등분, 1-2에서 6로 직각선을 그리고 이등분한다.
⑩ 소매 뒤 1-3에서 5로 직각선을 그리고 이등분, 1-3에서 7로 직각선을 그리고 이등분한다.

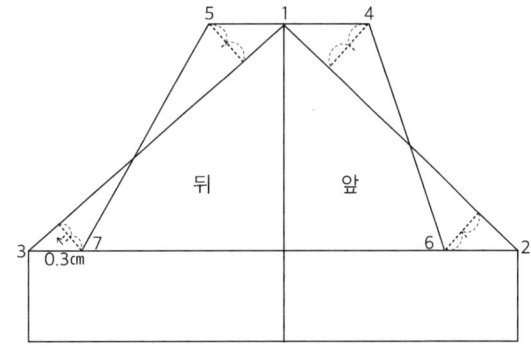

⑪ 소매 앞진동둘레선:1-8에서 교차점지나 9-2까지 암홀자를 이용하여 곡선을 그린다.
⑫ 소매 뒤진동둘레선:1-10에서 교차점지나 11-3까지 암홀자를 이용하여 곡선을 그린다.

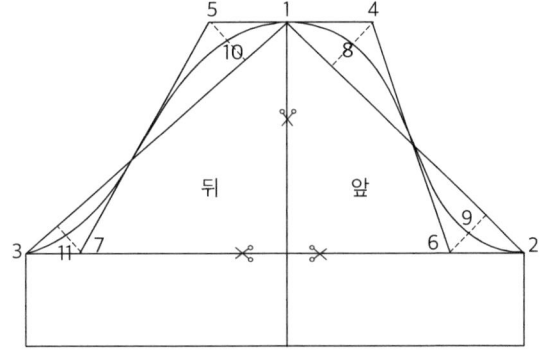

⑬ 1에서 2까지 자르고, 다시 3까지 자른다.

⑭ 소매 위쪽은 중심선을 기준으로 좌우 5cm(총 10cm)씩 벌려주고, 밑단은 2cm(총 4cm)를 벌려준다.

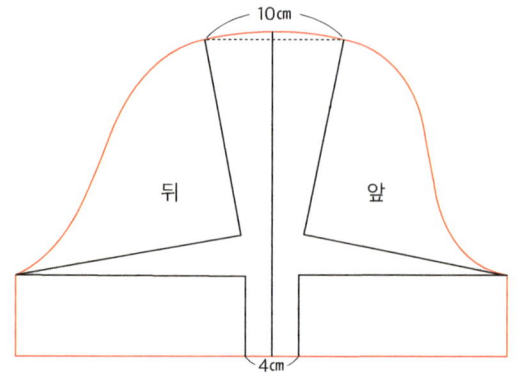

⑮ 주름의 위치를 표시하고 식서방향과 앞진동 맞춤표시, 뒤진동 맞춤표시 약자 등을 표시한다.

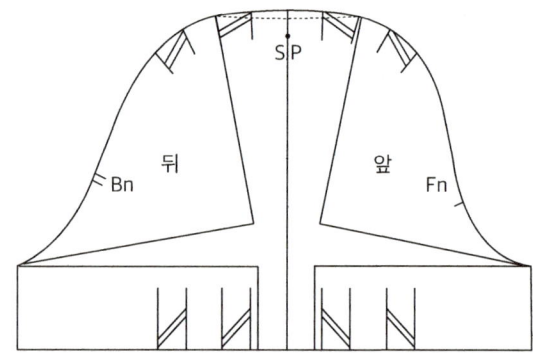

랩 원피스 몸판, 스커트 패턴

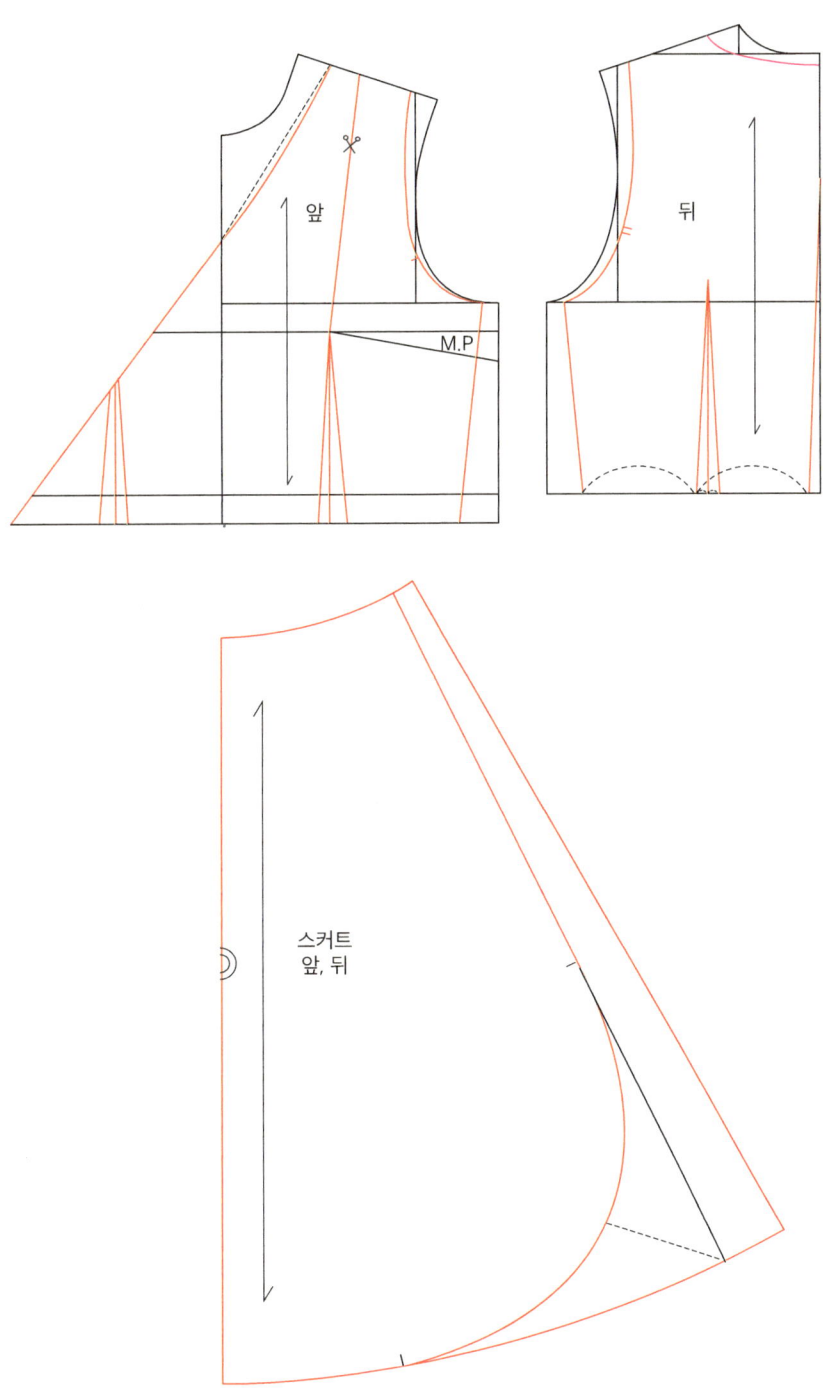

2. 랩 원피스 재단

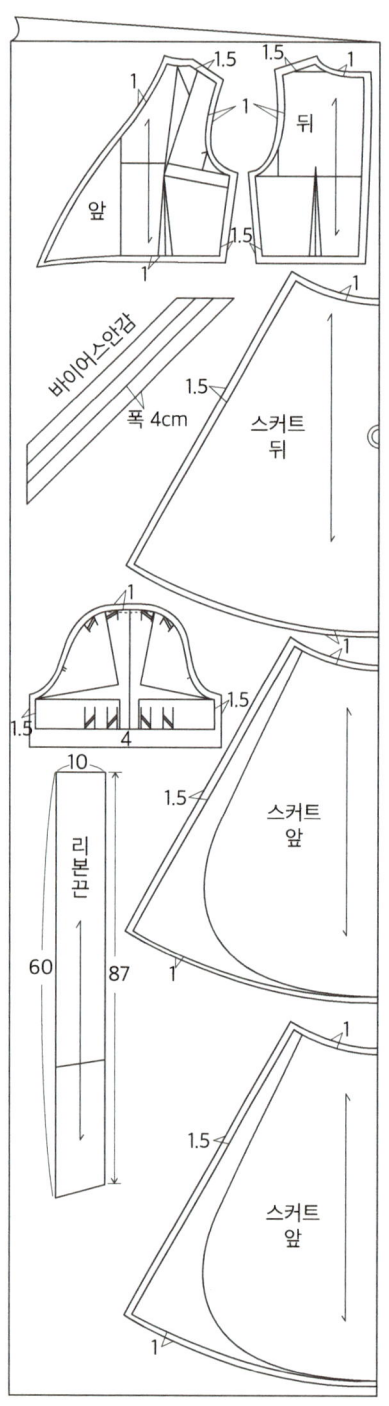

〈뒤판 스커트 펼친 상태〉

〈앞판 스커트 좌, 우 펼친 상태〉

* 바이어스감 총길이 : 약 130cm

3. 랩 원피스 봉제

A. 재단

1) 겉감 재단 및 심지 부착

원피스 앞판, 뒷판, 소매, 스커트, 허리끈, 바이어스감을 식서방향에 맞춰 재단한다.

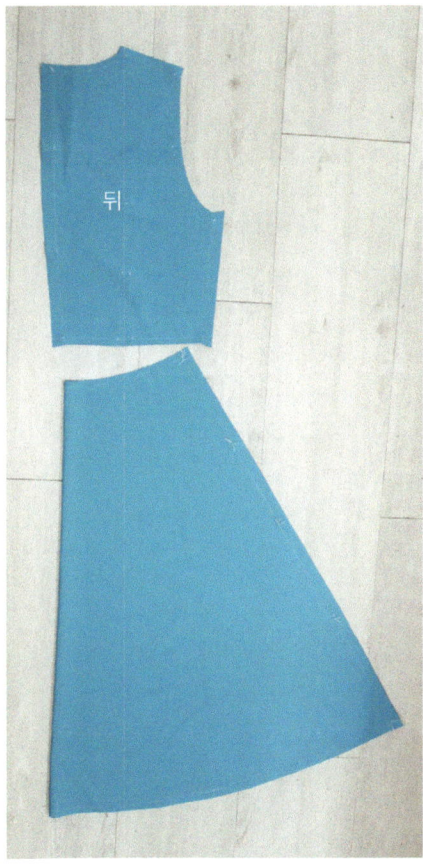

2) 다트와 주름 위치 등을 실표뜨기와 초크를 이용해 완성선을 표시한다.

앞판과 뒤판 허리선, 앞중심 여밈에 식서테이프를 부착하여 늘어나는 것을 방지한다.

B. 봉제

① 뒤중심선과 허리다트 박기

뒤판 원단을 겉을 마주대고 중심선을 박는다. 다트는 넓은 쪽에서 좁은 쪽으로 봉제하고 다트 끝은 되박음을 하지 않고, 윗실과 밑실을 묶어 마무리한다.

② 앞판 어깨 주름과 허리다트 박기

어깨 주름을 9cm까지 박고, 다트는 넓은 곳에서 뾰족한 부분을 향해 박는다. 다트 끝은 되돌아박기 하지 말고 묶어준다.

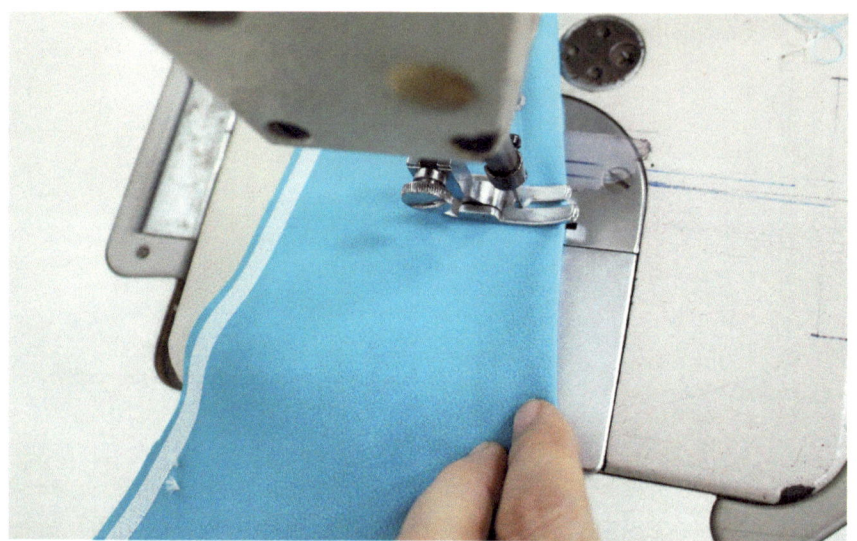

❸ 뒤중심선 오버록 한 후, 뒤중심선 시접을 오른쪽으로 다림질한다. 앞, 뒤판 허리다트 시접은 중심쪽으로 다림질하고, 앞판 어깨다트 시접도 중심쪽으로 다림질한다.

④ 앞·뒤판은 어깨와 옆선을 오버록하고, 스커트는 옆선을 오버록한다.

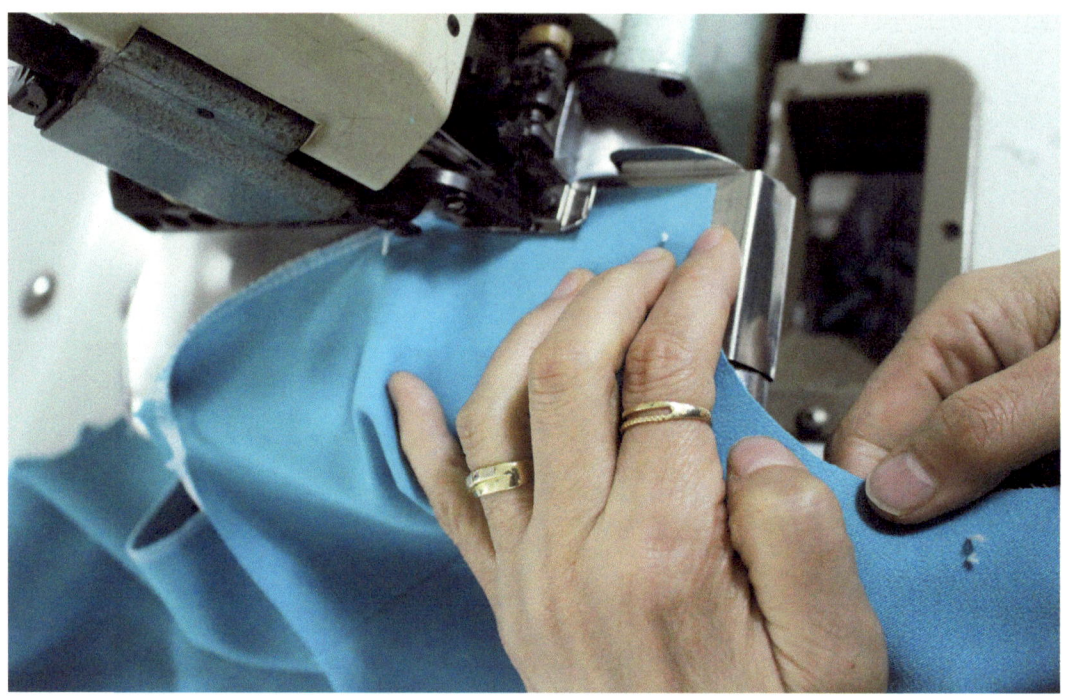

⑤ 앞·뒤 몸판과 스커트의 허리선을 각각 봉제하고 오버록한다.

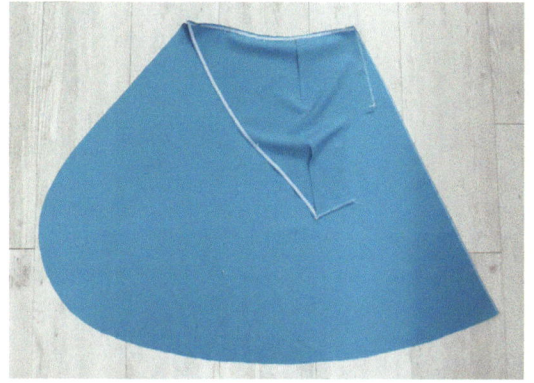

⑥ 앞·뒤판 옆선을 봉제한다. 오른쪽 옆선 허리선은 끈이 통과할 구멍은 박지 않는다.

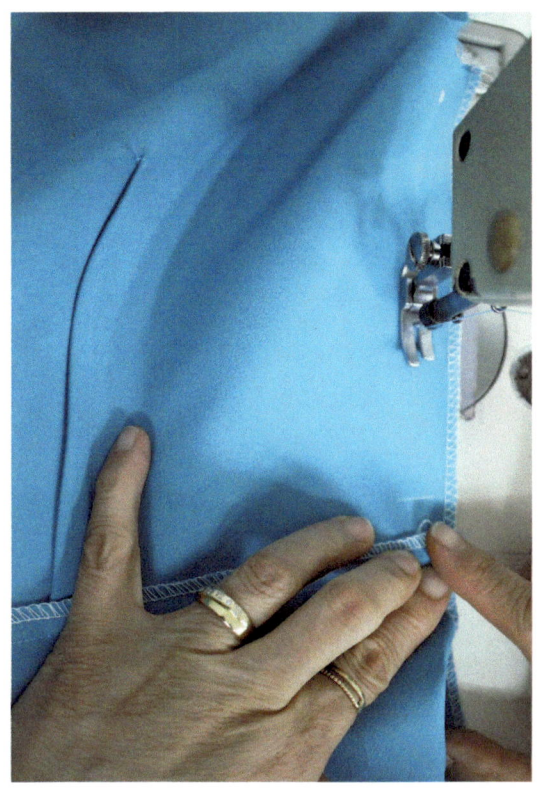

⑦ 소매 주름을 박은 후, 모든 주름을 소매 중심쪽으로 다림질 한다.

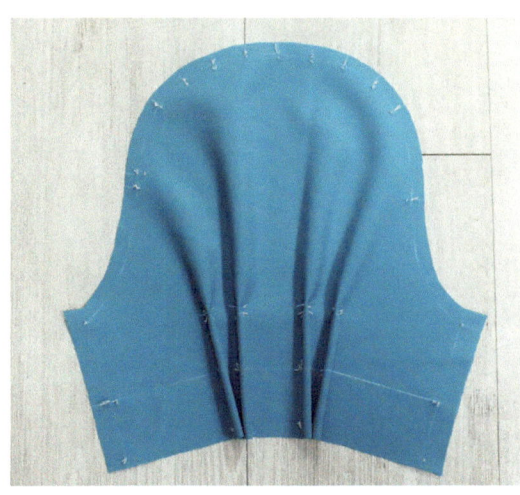

좌) 소매 아래쪽 주름

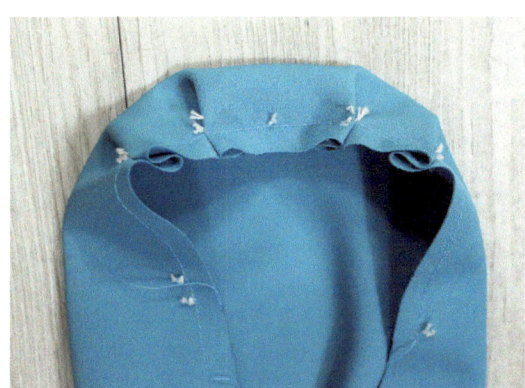

우) 소매 위쪽 주름

⑧ 소매와 몸판을 겉끼리 마주대고 어깨끝점, 겨드랑이점, 너치점을 맞춰 시침핀을 꽂고 시침질로 고정한 후 봉제한다. 소매와 몸판시접을 함께 오버록한다.

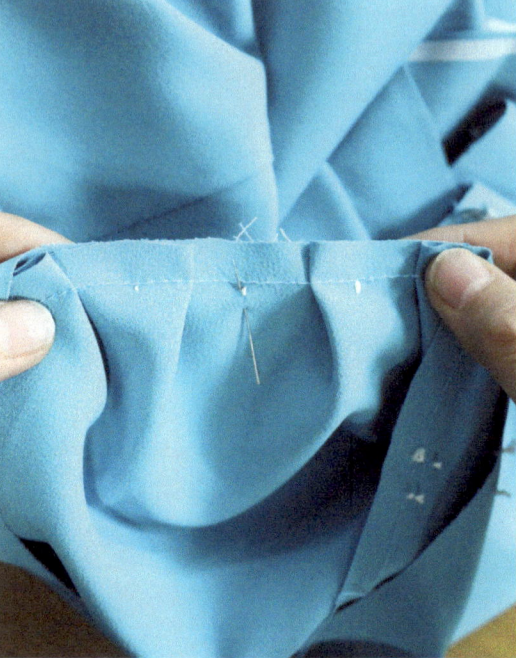

⑨ 비접착 벨트심지를 스티치 폭만큼 풀어 원단에 대고 밑단을 두 번 접어 박는다. 원단이 두꺼운 경우 오 버록하고 한번 접어 박거나 손바느질(새발뜨기 또는 공그르기)로 단처리를 해준다.

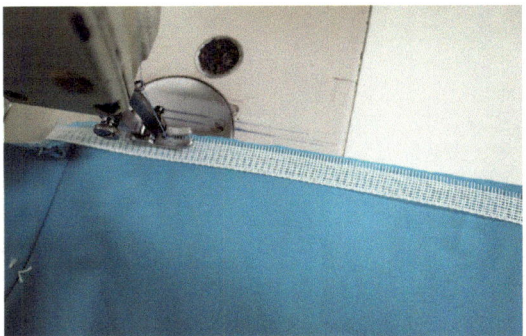
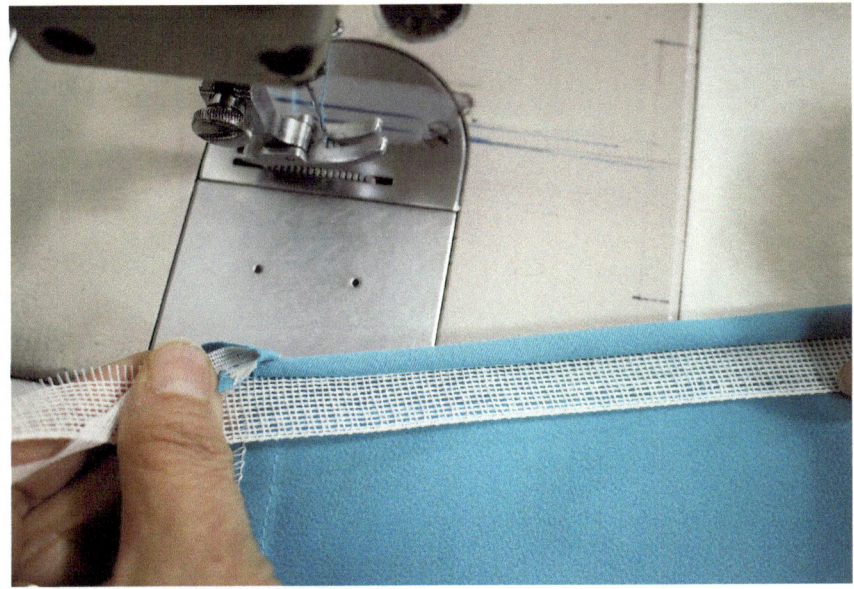
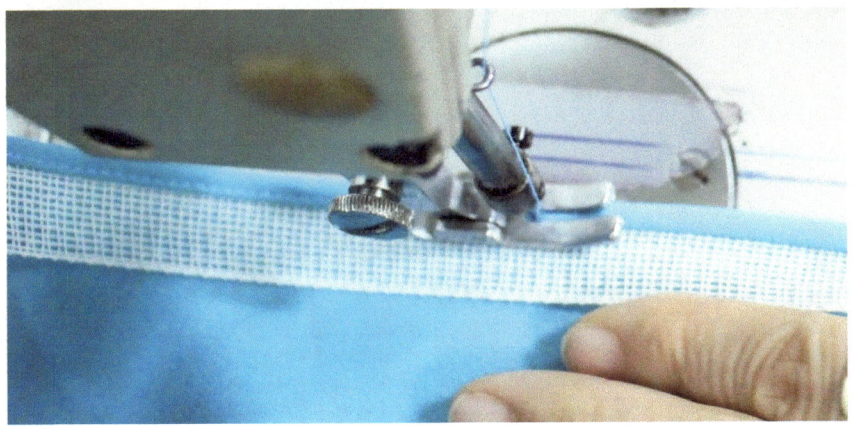

⑩ 바이어스테이프 만들기: 바이어스 방향으로 폭 4cm로 재단한 바이어스테이프를 길이 150cm가 될 때까지 박아 연결한다.

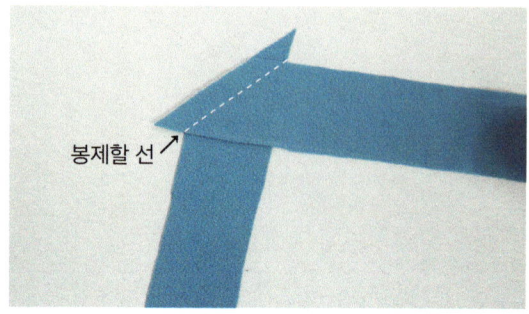
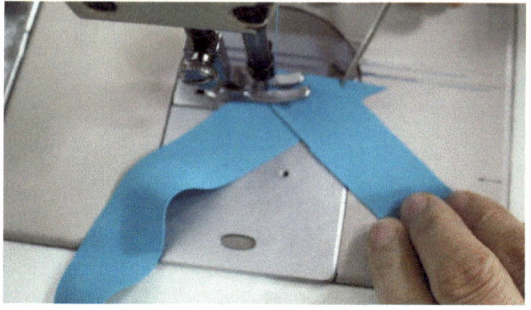

⑪ 앞판 허리선쪽에서 바이어스감 한쪽 끝을 3cm 정도 남기고 겉끼리 맞댄 후 1cm 간격으로 박는다. 남은 시접을 안쪽으로 꺾은 후 누름상침 한다. 남은 시접을 접어 다리고 박는다.

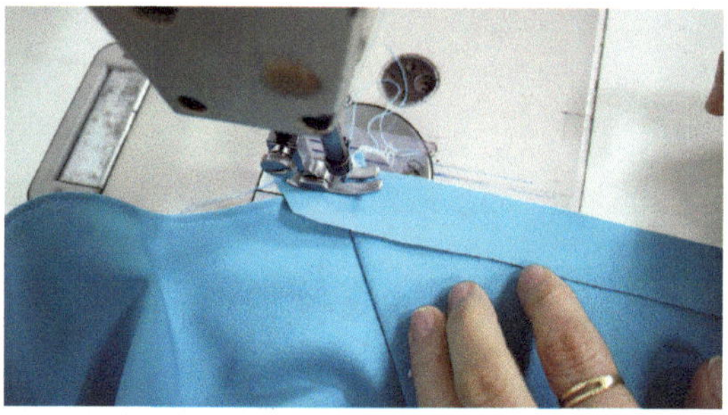

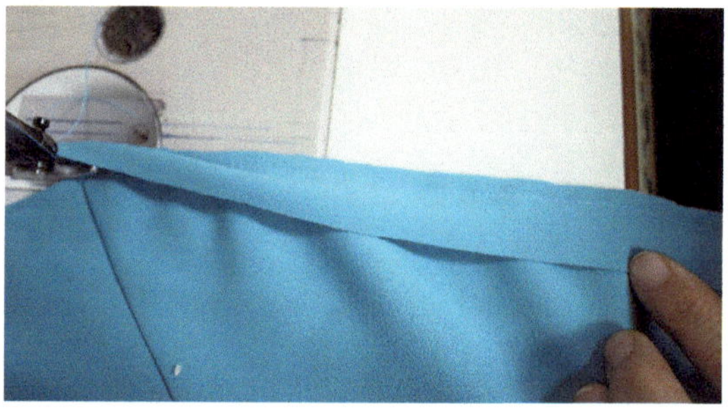

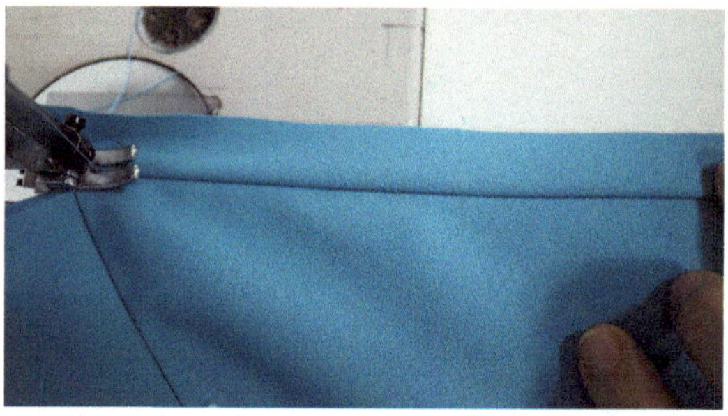

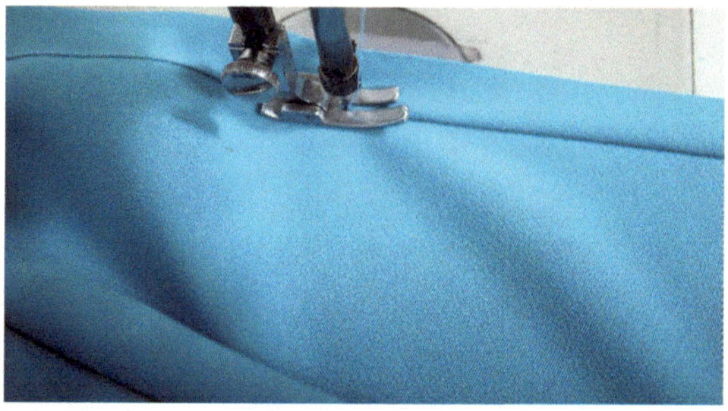

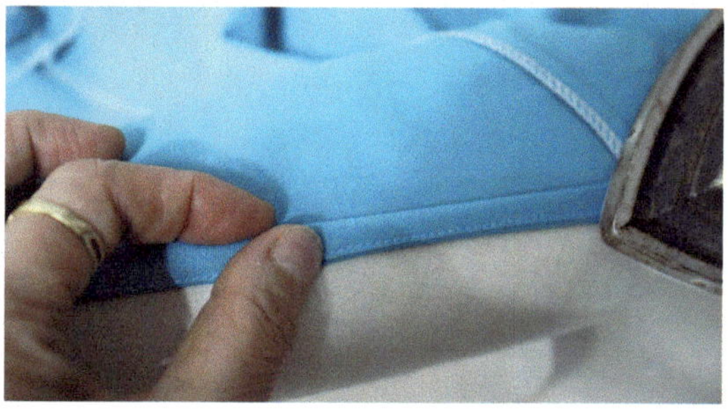

⑫ 허리끈 안쪽에서 완성선을 박고 솔기선을 다림질 한 후, 뒤집어 허리끈 형태대로 다시 다린다. 앞판 허리선에 허리끈을 달아준다.

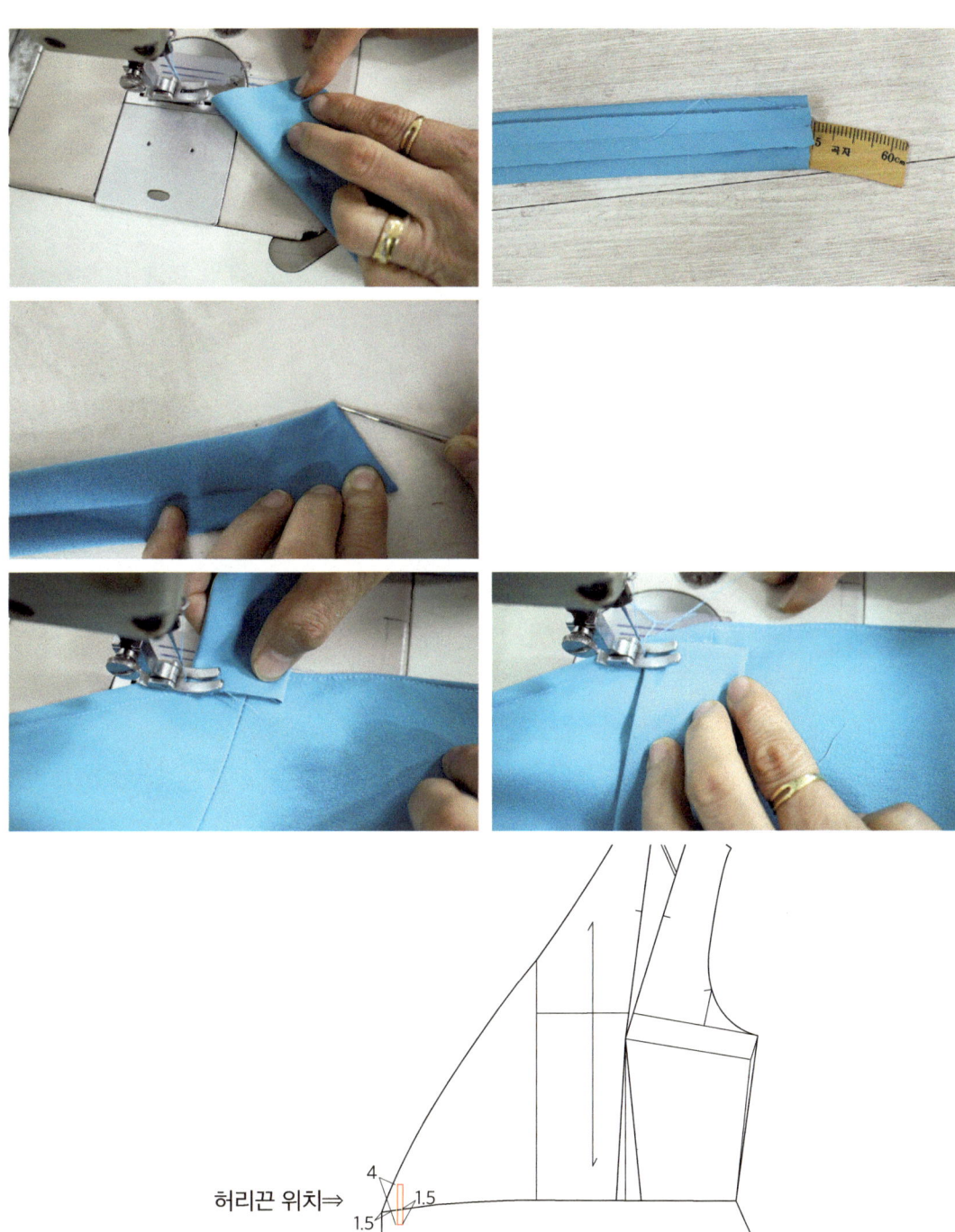

허리끈 위치⇒

완성 작품

참고문헌

- 허인아. (2019) NCS학습모듈 여성복 샘플패턴 제작. 교육부.
- 최혜선, 이정임. (2012) 의복구성의 실제. 한국방송통신대학교출판문화원.
- 김구영. (2017) 패턴설계 가이드2018. 의상디자인직종협의회.
- 이주삼, 안영례. (2015) 새로운 양장기능사. 노라노출판.
- 나미향, 허동진, 정복희, 이정순, 김정숙 공저. (2018) 산업패턴설계 여성복1. 교학연구사.
- 기능경기대회 의상디자인 직종 설명서 P.68~69.
- 임원자. (2003) 의복구성학. ㈜교문사.